CODE MANUEL

DU LOGEMENT ET DU CANTONNEMENT DES TROUPES

CHEZ L'HABITANT

EN TEMPS DE PAIX ET EN TEMPS DE GUERRE

D'APRÈS LES DISPOSITIONS DES LOIS,
ORDONNANCES, DÉCRETS ET RÈGLEMENTS EN VIGUEUR A CE JOUR

PAR

M. DESVOYES, Capitaine d'Infanterie,

Hors cadre,
Attaché au bureau du recrutement de Versailles

PARIS

SOCIÉTÉ D'IMPRIMERIE ET LIBRAIRIE ADMINISTRATIVES ET CLASSIQUES

PAUL DUPONT, Éditeur

41, RUE JEAN-JACQUES-ROUSSEAU (HÔTEL DES FERMES)

1884

CODE MANUEL

DU LOGEMENT ET DU CANTONNEMENT

DES TROUPES

CODE MANUEL

DU LOGEMENT ET DU CANTONNEMENT DES TROUPES

CHEZ L'HABITANT

EN TEMPS DE PAIX ET EN TEMPS DE GUERRE

D'APRÈS LES DISPOSITIONS DES LOIS,
ORDONNANCES, DÉCRETS ET RÈGLEMENTS EN VIGUEUR A CE JOUR

PAR

M. DESVOYES, Capitaine d'Infanterie,

Hors cadre,
Attaché au bureau du recrutement de Versailles

PARIS
SOCIÉTÉ D'IMPRIMERIE ET LIBRAIRIE ADMINISTRATIVES ET CLASSIQUES
PAUL DUPONT, Éditeur
41, RUE JEAN-JACQUES-ROUSSEAU (HÔTEL DES FERMES)

1884

EXTRAIT

DE LA LOI DU 3 JUILLET 1877

SUR LES RÉQUISITIONS MILITAIRES

EN TEMPS DE PAIX ET EN TEMPS DE GUERRE

TITRE PREMIER

Conditions générales dans lesquelles s'exerce le droit de réquisition.

ARTICLE PREMIER.

En cas de mobilisation partielle ou totale de l'armée, ou de rassemblement de troupes, le ministre de la guerre détermine l'époque où commence, sur tout ou partie du territoire français, l'obligation de fournir les prestations nécessaires pour suppléer à l'insuffisance des moyens ordinaires d'approvisionnement de l'armée (1).

(1) Il importait de définir dès le début de la loi : 1° dans quels cas les réquisitions pourront être faites ; 2° qui est appelé à mettre les citoyens en demeure d'y déférer, et 3° quel est le but de ces fournitures exceptionnelles.

Ce sont ces trois points que fixe l'article 1er.

Les réquisitions sont applicables d'abord en cas de mobilisation totale et partielle de l'armée.

La mobilisation est totale lorsque, en prévision d'une grande

Art. 2.

Toutes les prestations donnent droit à des indemnités représentatives de leur valeur, sauf dans les cas spécialement déterminés par l'article 15 de la présente loi.

Art. 3.

Le droit de requérir appartient à l'autorité militaire.

Les réquisitions sont toujours formulées par écrit et signées.

Elles mentionnent l'espèce et la quantité des prestations imposées et, autant que possible, leur durée.

guerre, elle embrasse la totalité de l'armée; partielle lorsqu'elle ne s'étend qu'à un certain nombre de corps d'armée ou de corps de troupes et de services dans chaque région, ou bien enfin lorsqu'elle n'appelle sous les drapeaux qu'une fraction des réserves. C'est dans ces cas prévus et spécifiés par les lois militaires instituées depuis dix ans que de nombreuses réunions d'hommes, de chevaux, de matériel peuvent rendre nécessaire le recours aux habitants, pour trouver les moyens d'abriter, quelquefois de nourrir, d'autres fois de pourvoir de certains objets oubliés, ces excédents d'effectif agglomérés sur des points où il est difficile, au moins quant au logement, de préparer à l'avance tout ce qui leur est indispensable.

Les réquisitions s'appliquent en outre aux rassemblements de troupes, c'est là le deuxième cas dont la loi fait mention. Le rassemblement de troupes doit s'entendre de toute concentration provoquée, non par l'imminence d'une guerre, mais par des circonstances accidentelles, telles qu'une inondation, un incendie nécessitant l'aide des troupes, une sédition, une insurrection sur un point du territoire. Dans ces cas, les troupes concentrées sont généralement sur le pied de paix, mais leur rassemblement inopiné nécessite l'emploi des réquisitions en ce qui concerne le logement, les transports et, dans les premiers jours du moins, la nourriture. Enfin le rassemblement de troupes doit aussi s'entendre de leur réunion pour les grandes manœuvres annuelles.

Il est toujours délivré un reçu des prestations fournies.

ART. 4.

Un règlement d'administration publique déterminera les conditions d'exécution de la présente loi, en ce qui concerne la désignation des autorités ayant qualité pour ordonner ou exercer les réquisitions, la forme de ces réquisitions et les limites dans lesquelles elles pourront être faites.

TITRE II.

Des prestations à fournir par voie de réquisition.

ART. 5.

Est exigible, par voie de réquisition, la fourniture des prestations nécessaires à l'armée et qui comprennent notamment :

1° Le logement chez l'habitant et le cantonnement pour les hommes et pour les chevaux, mulets et bestiaux, dans les locaux disponibles, ainsi que les bâtiments nécessaires pour le personnel et le matériel des services de toute nature qui dépendent de l'armée;

2° La nourriture journalière des officiers et soldats logés chez l'habitant, conformément à l'usage du pays (1);

(1) Ce paragraphe a donné lieu à quelques observations dans la commission. C'est seulement dans des circonstances tout à fait exceptionnelles, comme après des marches forcées qui amèneront tardivement les troupes dans une localité, qu'il y aura urgence de recourir aux habitants pour la nourriture des officiers et des soldats.

On ne saurait se dissimuler qu'il pourrait y avoir là matière à

3° Les vivres et le chauffage pour l'armée, les fourrages pour les chevaux, mulets et bestiaux; la paille de couchage pour les troupes campées ou cantonnées;

. . . .

9° Le traitement des malades et blessés chez l'habitant;

. . . .

11° Tous les autres objets et services dont la fourniture est nécessitée par l'intérêt militaire.

Hors le cas de mobilisation, il ne pourra être fait réquisition que des prestations énumérées aux cinq premiers paragraphes du présent article...

des difficultés et à des abus. Il semble, cependant, bien difficile d'entrer, pour ce cas réellement exceptionnel, dans une réglementation minutieuse et de prévoir par une disposition détaillée la fourniture qui devra être faite aux officiers et aux soldats.

Pour sauvegarder, cependant, le citoyen contre des exigences possibles, sinon probables, et pour bien spécifier le caractère légal des dispositions qu'elle propose, la commission a cru devoir ajouter au paragraphe : « la nourriture des officiers et soldats logés chez l'habitant », les mots « telle qu'elle est en usage dans le pays ».

Le rapporteur, répondant aux observations du colonel Denfert-Rochereau, sur ce paragraphe, expliqua ainsi ces dernières expressions :

Que peut le soldat dans les cas exceptionnels où il est obligé de loger chez l'habitant? Évidemment, demander uniquement à l'habitant de partager avec lui son ordinaire souvent fort modeste; il ne peut demander que ce que l'habitant a; il ne peut demander que de le nourrir comme lui-même, en un mot, de lui accorder l'hospitalité. C'est là ce qu'a entendu la commission en ajoutant : « conformément à l'usage du pays », et qu'entend également M. le ministre de la guerre.

TITRE III.

Du logement et du cantonnement.

ART. 8.

Le logement des troupes, en station ou en marche, chez l'habitant, est l'installation, faute de casernement spécial, des hommes, des animaux et du matériel dans les parties des maisons, écuries, remises ou abris des particuliers reconnues, à la suite d'un recensement, comme pouvant être affectées à cet usage, et fixées en proportion des ressources de chaque particulier; les conditions d'installations afférentes aux militaires de chaque grade, aux animaux et au matériel, étant, d'ailleurs, déterminées par les règlements en vigueur.

Le cantonnement des troupes, en station ou en marche, est l'installation des hommes, des animaux et du matériel dans les maisons, établissements, écuries, bâtiments ou abris de toute nature appartenant soit aux particuliers, soit aux communes ou aux départements, soit à l'État, sans qu'il soit tenu compte des conditions d'installation attribuées, en ce qui concerne le logement défini ci-dessus, aux militaires de chaque grade, aux animaux et au matériel, mais en utilisant, dans la mesure du nécessaire, la contenance des locaux, sous la réserve, toutefois, que les propriétaires ou détenteurs conservent toujours le logement qui leur est indispensable (1).

(1) Le logement constitue une opération absolument régulière. Faute de casernement spécial, la troupe est installée de la même façon qu'elle le serait dans les bâtiments ordinaires ou du moins

Art. 9.

Aux termes de l'article 5 ci-dessus, et en cas d'insuffisance des bâtiments militaires destinés au logement des troupes dans les places de guerre ou les villes de garnison, il y est suppléé au moyen de maisons ou d'établissements loués par les municipalités, reconnus et acceptés par l'autorité militaire, ou au moyen du logement des officiers et des hommes de troupe chez l'habitant. Cette disposition est également applicable à la fourniture des magasins et des écuries.

Le logement est fourni de la même manière, à défaut de bâtiments militaires dans les villes, villages, hameaux et maisons isolées, aux troupes détachées ou cantonnées, ainsi qu'aux troupes de passage et aux militaires isolés.

Art. 10.

Il sera fait par les municipalités un recensement de tous les logements, établissements et écuries, que les habitants

d'une façon analogue, soit dans les édifices loués à cet effet par les municipalités, soit chez les habitants eux-mêmes.

Le cantonnement est une opération transitoire. Il a pour but de maintenir un nombre considérable de troupes réunies sur un point donné, à portée de leurs chefs, prêtes soit pour la mobilisation, soit pour une opération de guerre. On ne s'inquiète donc, dans ce cas, que d'abriter le mieux possible hommes et chevaux, et d'utiliser les locaux quels qu'ils soient, de manière à placer sur un point déterminé le nombre de soldats et d'animaux nécessaires Tel hangar, telle grange qui ne présenterait pas, pour le logement des conditions suffisantes de bien-être, peut être parfaitement approprié à un cantonnement.

C'est surtout cet emploi différent des locaux et ces conditions diverses d'installation qu'a pour but de faire ressortir la définition de l'article 8.

peuvent fournir pour le logement ou le cantonnement des troupes, dans les circonstances spécifiées à l'article 9.

Ce recensement sera communiqué à l'autorité militaire (1).

Il pourra être revisé en tout ou en partie dans les localités et aux époques fixées par le ministre de la guerre.

ART. 11.

Dans tous les cas où les troupes devront être logées ou cantonnées chez l'habitant, l'autorité militaire informera les municipalités du jour de leur arrivée.

Les municipalités délivreront ensuite, sur la présentation des ordres de route, les billets de logement, en observant de réunir, autant que possible, dans le même quartier les hommes et les chevaux appartenant aux mêmes unités constituées, afin d'en faciliter le rassemblement.

ART. 12.

Dans l'établissement du logement ou du cantonnement chez l'habitant, les municipalités ne feront aucune distinction de personnes, quelles que soient leurs fonctions ou qualités.

Seront néanmoins dispensés de fournir le logement dans leur domicile les détenteurs de caisses publiques dé-

(1) Cette opération faite dans toutes les communes fera connaître les ressources pour le logement ou le cantonnement de toutes les localités, l'autorité militaire pourra répartir d'une manière plus équitable les troupes de passage ou les détachements qu'elle a à envoyer. Dans le cas de mobilisation, elle peut, grâce à l'état qu'elle aura entre les mains, connaître les moyens de placer les troupes mobilisées sur les divers points du territoire, sans fouler les populations. Cette disposition est donc à la fois dans l'intérêt de l'armée et dans celui des habitants.

posées dans leur domicile, les veuves et filles vivant seules et les communautés religieuses de femmes. Mais les uns et les autres sont tenus d'y suppléer en fournissant le logement en nature chez d'autres habitants, avec lesquels ils prendront des arrangements à cet effet; à défaut de quoi, il y sera pourvu à leurs frais par les soins de la municipalité (1).

Les officiers et fonctionnaires militaires, dans leur garnison ou résidence, ne logeront pas les troupes dans le logement militaire qui leur sera fourni en nature; et lorsqu'ils seront logés en dehors des bâtiments militaires, ils ne seront tenus de fournir le logement aux troupes qu'autant que celui qu'ils occuperont excédera la proportion affectée à leur grade ou à leur emploi.

Les officiers, en garnison dans le lieu de leur habitation ordinaire, seront tenus de fournir le logement dans leur domicile propre, comme les autres habitants (2).

(1) En principe, tous les citoyens sont soumis à la charge du logement et du cantonnement, mais les deux exceptions se justifient par elles-mêmes. Les uns et les autres ne peuvent, cependant, se soustraire à la charge qui pèse sur tous et doivent remplacer en nature le logement qu'ils sont autorisés à ne pas fournir ; ils s'entendent pour cela avec d'autres habitants. S'ils n'ont pas pris leurs dispositions à cet égard, la municipalité y pourvoit à leurs frais. Cette disposition a paru à la commission la garantie nécessaire de l'exécution effective de l'obligation portée par la loi.

(2) Trois cas peuvent se présenter pour les officiers en activité résidant dans une garnison :

1° S'ils ne sont pourvus que d'un logement conforme à celui que les règlements prévoient pour leur grade, ils ne sont pas tenus de recevoir chez eux des soldats;

2° Si leur logement excède la proportion affectée à leur grade, ils n'ont pas à réclamer d'immunité, et l'autorité municipale a le droit de se servir de leurs locaux disponibles;

3° Les officiers peuvent se trouver en garnison dans le lieu de leur résidence habituelle; ils ne sauraient, dans ce cas, arguer de

Note ministérielle du 23 *juin* 1881 *relative à l'interprétation de l'article* 12 *de la loi du* 3 *juillet* 1877, *sur les réquisitions militaires.*

Le ministre de la guerre a été consulté sur l'interprétation à donner à l'article 12 de la loi du 3 juillet 1877, sur les réquisitions militaires, en ce qui concerne l'exemption du logement militaire, accordée par cet article aux détenteurs de caisses publiques, aux veuves, aux filles vivant seules et aux communautés religieuses de femmes.

Le ministre, en l'absence d'un texte formel, a soumis cette question à l'examen du Conseil d'État, qui, dans sa séance du 1er février 1881, a émis l'avis ci-après.

Les conclusions de cet avis ont été adoptées par le ministre; par suite, toutes les questions de même nature devront être tranchées, à l'avenir, dans le sens de cet avis.

AVIS

La section des finances, des postes et télégraphes, de la guerre, de la marine et des colonies du Conseil d'État, sur le renvoi qui lui a été fait par M. le ministre de la guerre d'une lettre, en date du 18 janvier 1881, par laquelle le ministre de la guerre demande l'avis du Conseil d'État sur l'interprétation qui doit être donnée à l'article 12 de la loi du 3 juillet 1877, sur les réquisitions militaires, en ce qui concerne l'exemption du logement militaire accordée par ledit article, aux détenteurs de caisses publiques, aux veuves, aux filles vivant seules et aux communautés religieuses de femmes;

leur qualité militaire pour se soustraire à une charge civile qui frappe tous les habitants, et ils doivent, au même titre qu'eux, être compris dans la répartition.

Vu la loi du 10 juillet 1791, sur la conservation et le classement des places de guerre et postes militaires, la police des fortifications et autres objets y relatifs et notamment l'article 9 du titre V de ladite loi;

Vu la loi du 3 juillet 1877, relative aux réquisitions militaires;

Vu le décret du 2 août 1877, rendu pour l'exécution de ladite loi;

Considérant que l'article 12 de la loi du 3 juillet 1877, qui n'est, du reste, que la reproduction de l'article 9 du titre V de la loi du 10 juillet 1791, stipule :

1° Que dans l'établissement du logement et du cantonnement chez l'habitant, les municipalités ne feront aucune distinction de personnes, quelles que soient leurs fonctions ou leurs qualités;

2° Que les détenteurs de caisses publiques, les veuves et filles vivant seules et les communautés reglieuses de femmes seront dispensés de fournir le logement dans leur domicile, mais qu'ils seront tenus d'y suppléer en fournissant le logement en nature chez d'autres habitants;

Considérant que l'exemption ainsi stipulée, en ce qui concerne le logement des troupes, s'explique facilement et ne porte, d'ailleurs, aucun préjudice à l'armée, puisque les personnes dispensées de fournir chez elles le logement des troupes doivent néanmoins fournir le logement chez d'autres habitants;

Qu'il n'en est pas de même, en ce qui concerne le cantonnement; qu'il y a lieu de remarquer, en premier lieu, qu'aucune disposition de la loi n'indique comment les exemptions pourront se concilier avec les exigences du service militaire, lorsqu'il y aura lieu de requérir le cantonnement serré; en deuxième lieu, que les personnes dispensées du cantonnement chez elles ne pourraient généralement pas fournir d'autres locaux pour remplacer ceux qui feraient l'objet de la dispense, puisque, dans l'hypothèse du cantonnement serré, tous les locaux disponibles sont ou peuvent être mis en réquisition ;

Considérant, cependant, que les raisons de convenance qui ont inspiré la dispense prévue par le paragraphe 2 de l'article 12, en ce qui concerne le logement des troupes, existent aussi lorsqu'il s'agit du cantonnement ; et qu'il y a lieu, pour rester dans l'esprit de la loi, de chercher à concilier, dans la mesure du possible, ces dispenses avec les nécessités du service militaire ;

Considérant que le cantonnement est et doit rester une mesure exceptionnelle, mais que l'intérêt de l'armée pouvant exiger, à un moment donné, un rassemblement de troupes considérable, supérieur même aux ressources que peut offrir une localité, il est juste, dans ce cas, de réduire au strict nécessaire la dispense accordée aux dépositaires de caisses publiques, aux veuves et aux filles et aux communautés religieuses de femmes ; que cette dispense peut n'être appliquée qu'au logement même occupé par les personnes dispensées et que le cantonnement pourrait être requis dans toutes les dépendances desdits logements, sous la seule condition de fermer les communications avec les logements occupés par les personnes dispensées ;

Est d'avis :

Qu'il y a lieu de répondre à la lettre du ministre de la guerre dans le sens des considérations qui précèdent.

Art. 13.

Les municipalités veilleront à ce que la charge du logement ou du cantonnement soit répartie avec équité sur tous les habitants.

Les habitants ne seront jamais délogés de la chambre

et du lit où ils ont l'habitude de coucher ; ils ne pourront, néanmoins, sous ce prétexte, se soustraire à la charge du logement selon leurs facultés (1).

Hors le cas de mobilisation, le maire ne pourra envahir le domicile des absents ; il devra loger ailleurs à leurs frais (2).

Les établissements publics ou particuliers requis préalablement par l'autorité militaire, et effectivement utilisés par elle, ne seront pas compris dans la répartition du logement ou du cantonnement (3).

Art. 14.

Les troupes sont responsables des dégâts et dommages occasionnés par elles dans leurs logements ou cantonnements. Les habitants qui auront à se plaindre à cet égard, adresseront leurs réclamations, par l'intermédiaire de la municipalité, au commandant de la troupe, afin qu'il y soit fait droit, si elles sont fondées.

Lesdites réclamations devront être adressées et les dégâts constatés, à peine de déchéance, avant le départ de

(1) L'exemption consacrée par ce paragraphe ne peut, cependant, servir de prétexte pour se soustraire à la charge du logement. Tous les citoyens auxquels leurs ressources le permettent y sont astreints, et ce n'est pas une raison parce qu'ils n'ont qu'un lit pour qu'ils ne donnent pas asile aux militaires dans une autre pièce qui peut être disponible.

(2) En principe général, les habitants absents de la commune sont tenus de contribuer aux répartitions, tout comme les habitants présents. Le paragraphe ci-dessus porte à cette règle une exception protectrice du domicile des absents.

(3) Il est bien entendu que les édifices des divers cultes ne sauraient être employés au logement des troupes. Cette disposition est d'un ordre trop élevé pour qu'il fût nécessaire de l'insérer dans la loi.

la troupe, ou, en temps de paix, trois heures après, au plus tard; un officier sera laissé, à cet effet, par le commandant de la troupe.

ART. 15.

Le logement des troupes, en cas de passage, de rassemblement, de détachement ou de cantonnement, donnera droit à l'indemnité, conformément à l'article 2 ci-dessus, sauf les exceptions suivantes :

1° Le logement des troupes de passage chez l'habitant ou leur cantonnement pour une durée maximum de trois nuits dans chaque mois, ladite durée s'appliquant indistinctement au séjour d'un seul corps ou de corps différents chez les mêmes habitants (1);

2° Le cantonnement des troupes qui manœuvrent (2);

(1) La loi décide que partout et toujours la gratuité de trois nuits sera admise dans le même mois, qu'il s'agisse du même corps ou de corps différents.

Si donc une localité située sur une route d'étape reçoit dans le même mois diverses colonnes qui séjournent en tout plus de trois jours, les journées en excédent de ce chiffre ouvriront le droit à une indemnité.

(2) La loi du 24 juillet 1873 dispose que les corps seront exercés à des manœuvres d'ensemble. Ces manœuvres ont lieu pendant un temps assez court sur divers points du territoire. Pendant leur durée, les troupes doivent être exercées à se cantonner dans les villages, suivant les nécessités du plan adopté. C'est là une charge qui pèsera à tour de rôle sur les différentes parties du pays, et souvent sur des localités que leur situation, en dehors des routes parcourues, met à l'abri du logement habituel des troupes de passage.

Il a paru à la commission que, dans ce cas, le cantonnement pouvait être gratuit, ainsi que le demandait le ministre de la guerre. Les manœuvres durent au maximum 28 jours. Les troupes, pendant ce temps, changent plusieurs fois de position; leur cantonnement excédera donc rarement la durée de trois nuits dans le

3° Le logement chez l'habitant ou le cantonnement des troupes rassemblées dans les lieux de mobilisation et leurs dépendances pendant la période de mobilisation, dont un décret fixe la durée (1).

même endroit, mais s'il se prolongeait au delà, la commission a pensé qu'on pouvait admettre la deuxième exception qui était demandée.

Il résulte de ces explications puisées dans le rapport de M. Reille que la restriction à trois nuits de logement gratuit n'existe pas pour le cantonnement des troupes en cas de manœuvres, et que dès lors, en cas de cantonnement, le logement, quelle qu'en soit la durée, ne donne pas lieu à indemnité.

(1) Les nouvelles lois sur l'armée ont créé une période entièrement nouvelle, que l'ancienne législation n'avait pas prévue. Les nécessités de la guerre contemporaine obligent à mettre en mouvement, dans un temps aussi restreint que possible, des masses considérables d'hommes, de chevaux, d'équipages, pour faire passer rapidement l'armée de pied de paix au pied de guerre. L'opération qui consiste à réunir ainsi sur tous les points les éléments divers de l'armée prête à entrer en campagne, s'appelle la mobilisation. Cette prompte réunion de la plus grande partie des forces vives de la nation exige sur tous les points de rassemblement (et ils sont nombreux), une agglomération momentanée, à laquelle les ressources ordinaires du casernement ne sauraient suffire.

Afin d'éviter l'encombrement et la confusion, on est obligé d'échelonner, dans une période qui doit être nécessairement de courte durée, l'appel de ces éléments qui doivent être logés partout où il est possible, mais dont l'arrivée successive et le séjour inégal se prêteraient difficilement à la tenue de comptes de logements ouverts à chaque habitant.

Les circonstances de force majeure, l'égalité d'une charge frappant à la fois une grande partie du territoire, la brièveté du séjour des hommes qui rend la charge bien minime, ont paru à la commission militer en faveur de la proposition du ministre de la guerre qui consistait à décider la gratuité du logement et du cantonnement pendant la période de mobilisation.

La gratuité du logement doit cesser dès qu'elle n'est plus indispensable : à cet effet, le paragraphe 3 de l'article 15 dispose qu'un décret fixe la durée de la période de mobilisation.

Art. 16.

En toutes circonstances, les troupes auront droit chez l'habitant, au feu et à la chandelle (1).

Art. 17.

Dans tous les cas où les troupes seront gratuitement logées chez l'habitant ou cantonnées, le fumier provenant des animaux appartiendra à l'habitant. Dans tous les cas où le logement chez l'habitant et le cantonnement donneront droit à une indemnité, le fumier restera la propriété de l'État, et son prix pourra être déduit du montant de ladite indemnité, avec le consentement de l'habitant.

Art. 18.

Un règlement d'administration publique fixera les détails d'exécution du logement des troupes en dehors des bâtiments militaires, notamment les conditions du logement attribué aux militaires de chaque grade.

Il déterminera, en outre, le prix de la journée de logement ou de cantonnement pour les hommes ou les animaux et le prix de la journée de fumier.

(1) Les anciennes lois sur le logement contenaient une disposition universellement acceptée, réglant d'une manière concise et expresse le droit du soldat à l'égard de l'habitan qui le loge. La commission a maintenu cette disposition dans sa forme vieillie, mais partout comprise.

TITRE IV

De l'exécution des réquisitions.

ART. 19.

Toute réquisition doit être adressée à la commune ; elle est notifiée au maire. Toutefois, si aucun membre de la municipalité ne se trouve au siège de la commune, ou si une réquisition urgente est nécessaire sur un point éloigné du siège de la commune et qu'il soit impossible de la notifier régulièrement, la réquisition peut être adressée directement par l'autorité militaire aux habitants.

Les réquisitions exercées sur une commune ne doivent porter que sur les ressources qui y existent, sans pouvoir les absorber complètement.

. . . .

CHAPITRE PREMIER

Conditions générales dans lesquelles s'exerce le droit de réquisition.

---

1. *L'autorité militaire est investie du droit de requérir les prestations nécessaires à l'armée, en cas de mobilisation totale.*

En cas de mobilisation totale de l'armée, l'autorité militaire peut user du droit de requérir les prestations nécessaires à l'armée, depuis le jour de la mobilisation jusqu'au moment où l'armée est remise sur le pied de paix. (Art. 1er du décret du 2 août 1877.)

2. *L'exercice du droit de réquisition est limité en cas de mobilisation partielle ou de rassemblement de troupes.*

En cas de mobilisation partielle ou de rassemblement de troupes, pour quelque cause que ce soit, des arrêtés du ministre de la guerre déterminent l'époque où pourra commencer et celle où devra se terminer l'exercice du droit de réquisition, ainsi que les portions de territoire où le droit de réquisition pourra être exercé. (Art. 2 du décret du 2 août 1877.)

3. *Les arrêtés du ministre de la guerre sont publiés dans les communes intéressées.*

Ces arrêtés sont publiés dans les communes. (Art. 2 du décret du 2 août 1877.)

4. *Autorités ayant droit de requérir lorsque la mobilisation totale est ordonnée.*

Lorsque la mobilisation totale est ordonnée, les généraux commandant des armées, des corps d'armée, des divisions ou des troupes ayant une mission spéciale peuvent de plein droit, exercer des réquisitions. (Art. 3 du décret du 2 août 1877.)

5. *Ces autorités peuvent déléguer leur droit de requérir.*

Ils peuvent déléguer le droit de requérir aux fonctionnaires de l'intendance ou aux officiers commandant des détachements. (Art. 3 du décret du 2 août 1877.)

6. *Autorités ayant droit de requérir en cas de mobilisation partielle ou de rassemblement de troupes.*

En cas de mobilisation partielle ou de rassemblement de troupes, la faculté d'exercer des réquisitions, dans les limites prévues à l'article 2 du présent décret, n'appartient de plein droit qu'aux généraux commandant les corps d'armée mobilisés ou les rassemblements de troupes. (Art. 4 du décret du 2 août 1877.)

7. *Ces autorités peuvent déléguer leur droit de requérir.*

Le droit de requérir peut être délégué par eux aux fonctionnaires de l'intendance militaire ou aux officiers commandants des détachements. (Art. 4 du décret du 2 août 1877.)

8. *Ordres de réquisition détachés d'un carnet à souche.*

Les ordres de réquisition sont détachés d'un carnet à souche qui est remis à cet effet entre les mains des officiers appelés à exercer des réquisitions. (Art. 5 du décret du 2 août 1877.)

9. *Les délégués doivent être munis d'un carnet à souche d'ordres de réquisition pour pouvoir requérir.*

Les généraux désignés dans les articles 3 et 4 du présent décret peuvent remettre aux chefs de corps ou de service des carnets à souche d'ordres de réquisition contenant délégation du droit de requérir, pour être délivrés par ces chefs de corps ou de service aux officiers sous leurs ordres qui pourraient être éventuellement appelés à exercer des réquisitions. (Art. 6 du décret du 2 août 1877.)

10. *Il est délivré des reçus extraits d'un carnet à souche pour les prestations fournies par réquisition.*

Les reçus délivrés par les officiers chargés de la réception des prestations fournies sont extraits d'un carnet à souche qui est fourni par l'autorité militaire, comme les carnets d'ordres de réquisition. (Art. 7 du décret du 2 août 1877.)

CHAPITRE II

Des prestations à fournir par voie de réquisition.

---

11. *Mode de réquisition du logement chez l'habitant ou du cantonnement.*

Les officiers qui peuvent être appelés à requérir le logement chez l'habitant, ou le cantonnement des troupes sous leurs ordres, doivent consulter les états dressés en exécution de l'article 10 de la loi du 3 juillet 1877 et des articles 23 et suivants du présent décret, et ne réclamer dans chaque commune le logement que pour un nombre d'hommes et de chevaux inférieur ou au plus égal à celui qui est indiqué par lesdits tableaux. (Art. 11 du décret du 2 août 1877.)

12. *Mode de réquisition de la nourriture aux troupes logées chez l'habitant.*

Lorsque des troupes sont logées chez l'habitant et que celui-ci est requis de leur fournir la nourriture, il ne peut être exigé une nourriture supérieure à l'ordinaire de l'individu requis. (Art. 12 du décret du 2 août 1877.)

13. *Réquisition du traitement des malades ou blessés.*

Lorsqu'il y a lieu de requérir le traitement des malades ou blessés, les maires fournissent des locaux spéciaux pour le traitement desdits malades ou blessés, et, à défaut de locaux spéciaux, les répartissent chez les habitants; mais s'il s'agit de maladies contagieuses, ils doivent pourvoir aux soins à donner dans des bâtiments où les malades puissent être séparés de la population et qui, au besoin, sont requis à cet effet. (Art. 21 du décret du 2 août 1877.)

14. *En cas d'extrême urgence, réquisition directe aux habitants.*

En cas d'extrême urgence, et seulement sur des points éloignés du centre de la commune, l'autorité militaire peut requérir directement des habitants le soin des malades ou blessés; mais cette réquisition, faite directement, ne peut jamais s'appliquer à des malades atteints de maladies contagieuses. (Art. 21 du décret du 2 août 1877.)

15. *Soins à donner aux malades ou blessés, par les médecins civils.*

Si des communes où des habitants sont requis de recevoir des malades ou des blessés, et si ces derniers ne peuvent pas être soignés par les médecins de l'armée, les visites des médecins civils peuvent donner droit à une indemnité spéciale. (Art. 22 du décret du 2 août 1877.)

16. *Indemnité à leur accorder.*

Cette indemnité est fixée par la commission d'évaluation, sur la note du médecin, certifiée par l'habitant qui a logé le malade ou blessé, ou, si faire se peut, par ce dernier lui-même, et visée par le maire de la commune. (Art. 22 du décret du 2 août 1877.)

CHAPITRE III

De l'exécution des réquisitions.

---

17. *Les réquisitions sont toujours adressées aux maires.*

Les réquisitions sont toujours adressées au maire de chaque commune, ou, en son absence, à son suppléant légal, sauf dans les cas prévus au paragraphe 1er de l'article 19 de la loi du 3 juillet 1877 et sous réserve des peines édictées à l'article 21 de ladite loi. (Art. 35 du décret du 2 août 1877.)

18. *Exception.*

Lorsqu'un officier ne trouve aucun membre de la municipalité au siège de la commune, ou lorsqu'il est obligé d'exercer une réquisition urgente dans un hameau éloigné et qu'il n'a pas le temps de prévenir le maire, il s'adresse, autant que possible, à un conseiller municipal, ou, à son défaut, à un habitant, pour se faire aider dans la répartition des prestations à fournir. (Art. 36 du décret du 2 août 1877.)

CHAPITRE IV

Du logement et du cantonnement.

---

19. *État des ressources existant dans les communes pour le logement et le cantonnement des troupes, établi par les maires, tous les trois ans.*

Les maires dressent, tous les trois ans, en double expédition, sur des modèles qui leur sont transmis par les commandants de régions, un état des ressources que peut offrir leur commune pour le logement et le cantonnement des troupes. (Art. 23 du décret du 2 août 1877.)

20. *Distinction de l'agglomération principale et des hameaux détachés.*

Cet état doit distinguer l'agglomération principale et les hameaux détachés; il doit indiquer approximativement. (Art. 23 du décret du 2 août 1877.)

21. *Nombre de chambres et de lits pouvant être affectés au logement.*

1° Le nombre de chambres et de lits qui peuvent être affectés au logement des officiers et le nombre d'hommes de troupe qui peuvent être logés chez l'habitant, à raison d'un lit par sous-officier et d'un lit ou au moins d'un matelas et d'une couverture pour deux soldats; (Art. 23 du décret du 2 août 1877.)

22. *Nombre d'animaux pouvant être installés dans les écuries, etc.*

2° Le nombre de chevaux, mulets, bestiaux et voitures qui peuvent être installés dans les écuries, étables ou remises ; (Art. 23 du décret du 2 août 1877.)

23. *Nombre d'hommes pouvant être cantonnés.*

3° Le nombre d'hommes qui peuvent être cantonnés dans les maisons, établissements, écuries, bâtiments ou abris de toute nature appartenant soit aux particuliers, soit aux communes ou aux départements, soit à l'État, sous la seule réserve que les propriétaires ou détenteurs conserveront toujours les locaux qui leur sont indispensables pour leur logement et celui de leurs animaux, denrées et marchandises. (Art. 23 du décret du 2 août 1877.)

24. *Ces états sont remis aux préfets qui les adressent aux généraux commandant les régions.*

Les états dressés en exécution de l'article précédent sont adressés aux commandants de régions par l'intermédiaire du préfet. (Art. 24 du décret du 2 août 1877.)

25. *Revision de ces états par des officiers désignés à cet effet.*

Lorsque le ministre de la guerre veut faire opérer la revision de ces états, il charge de cette mission des officiers qui se transportent successivement dans chaque commune. (Art. 24 du décret du 2 août 1877.)

26. *Avis en est donné aux maires.*

Il est donné avis aux maires de la mission confiée à ces officiers et de l'époque de leur arrivée dans les communes. (Art. 24 du décret du 2 août 1877.)

27. *Les tableaux revisés sont imprimés.*

Après la revision, des tableaux récapitulatifs sont imprimés ou autographiés par les soins de l'autorité militaire et tenus à la disposition des officiers généraux ainsi que des intendants militaires et des commissions de règlement des indemnités. (Art. 25 du décret du 2 août 1877.)

28. *Un extrait est adressé aux maires intéressés.*

Un extrait est envoyé par les commandants de régions aux maires des communes intéressées. (Art. 25 du décret du 2 août 1877.)

29. *État indicatif des ressources de chaque maison dressé par le maire avec le concours du conseil municipal.*

Lorsque les maires ont reçu l'extrait mentionné à l'article précédent, ils dressent, avec le concours des conseillers municipaux, un état indicatif des ressources de chaque maison pour le logement ou le cantonnement des troupes, d'après le nombre fixé par le tableau indiqué à l'article précédent. (Art. 26 du décret du 2 août 1877.)

30. *L'ordre de cet état est suivi le plus exactement possible.*

Lorsqu'ils sont requis de loger ou de cantonner des militaires, ils suivent le plus exactement possible l'ordre de cet état indicatif. (Art. 26 du décret du 2 août 1877.)

31. *Arrêté motivé à prendre par le maire lorsqu'il est obligé de loger des militaires aux frais et pour le compte de tiers.*

Toutes les fois qu'un maire est obligé, par application du deuxième paragraphe de l'article 12 ou du troisième paragraphe de l'article 13 de la loi du 3 juillet 1877, de loger des militaires aux frais et pour le compte de tiers, il prend à cet égard un arrêté motivé, qui est notifié aussitôt que possible à la personne intéressée et qui fixe la somme à payer. (Art. 27 du décret du 2 août 1877.)

32. *Recouvrement de la somme due dans ce cas.*

Le payement en est recouvré comme en matière de contributions directes. (Art. 27 du décret du 2 août 1877.)

33. *Dégradations à la charge des militaires.*

S'il est reconnu que des dégâts ont été commis chez un ou plusieurs habitants par des soldats qui y étaient logés ou cantonnés, procès-verbal en est dressé contradictoirement par le maire de la commune et par l'officier chargé d'examiner la réclamation. (Art. 28 du décret du 2 août 1877.)

34. *Payement des dégradations, en temps de paix.*

S'il s'agit de passage de troupes en temps de paix, le procès-verbal est remis à l'habitant, qui adresse sa réclamation à l'autorité militaire. (Art. 28 du décret du 2 août 1877.)

35. *Payement des dégradations, en cas de mobilisation.*

En cas de mobilisation, le procès-verbal sert à l'intéressé comme une réquisition ordinaire, et l'indemnité à allouer est réglée comme en matière de réquisition. (Art. 28 du décret du 2 août 1877.)

36. *Réclamations portées au juge de paix ou au maire.*

En temps de guerre et en cas de départ inopiné des troupes logées chez l'habitant, si aucun officier n'a été laissé en arrière pour recevoir les réclamations, tout individu qui croit avoir à se plaindre de dégâts commis par les soldats logés chez lui et qui n'a pu faire sa réclamation avant le départ de la troupe, porte sa plainte au juge de paix, ou, à défaut de juge de paix, au maire de la commune. (Art. 29 du décret du 2 août 1877.)

37. *Réclamations tardives non admises.*

Cette plainte doit être remise moins de trois heures après le départ de la troupe. (Art. 29 du décret du 2 août 1877.)

38. *Obligations du juge de paix ou du maire.*

Le juge de paix ou le maire se transporte immédiatement sur les lieux, fait une enquête et dresse un procès-verbal qui est remis à la personne intéressée, pour faire valoir ses droits comme en matière de réquisition. (Art. 29 du décret du 2 août 1877.)

39. *État d'effectif à remettre au maire lorsqu'une troupe est logée ou cantonnée dans une commune.*

Toutes les fois qu'une troupe est logée ou cantonnée dans une commune, l'officier qui la commande remet au maire, avant de quitter la commune, un état indiquant l'effectif en officiers, sous-officiers, soldats, chevaux, mulets, voitures, etc., ainsi que la date de l'arrivée et celle du départ. (Art. 30 du décret du 2 août 1877.)

40. *Cas où cet état n'est pas fourni.*

Il n'y a pas lieu de fournir cet état lorsqu'il s'agit de cantonnement de troupes qui manœuvrent, ou du logement ou du cantonnement de militaires pendant la période de mobilisation. (Art. 30 du décret du 2 août 1877.)

41. *Réclamation des indemnités dues pour logement ou cantonnement des troupes.*

La commune qui réclame une indemnité pour logement ou cantonnement de troupes doit fournir la preuve, pour chaque habitant qui réclame une indemnité, qu'il a reçu des troupes chez lui pendant plus de trois nuits dans le même mois. (Art. 31 du décret du 2 août 1877.)

42. *Pièces à produire.*

Les maires fournissent la preuve exigée par l'article précédent, soit au moyen de l'envoi d'un état des logements ou cantonnements imposés aux habitants, appuyé des états d'effectifs dressés en exécution de l'article 30, soit au moyen des états de logement ou de cantonnement appuyés des ordres de réquisition. (Art. 32 du décret du 2 août 1877.)

43. *Indications spéciales.*

Le maire indique, s'il y a lieu, les motifs qui l'ont empêché de se conformer aux prescriptions du deuxième paragraphe de l'article 26. (Art. 32 du décret du 2 août 1877.)

44. *Taux des indemnités à accorder.*

Lorsqu'il y a lieu d'accorder une indemnité pour logement ou cantonnement de troupes dans les conditions spécifiées par les articles 15, 17 et 18 de la loi sur les réquisitions, et 30, 31 et 32 du présent décret, le taux de l'indemnité est fixé d'après les bases ci-après :

1° Logement.

Par officier logé seul et par jour.......	1 fr.	00 c.
Par deux officiers logés ensemble et par jour................................	1	50
Par sous-officier et par jour............	0	15
Par soldat et par jour..................	0	10
Par cheval et par jour.................	0	05
Plus le fumier.		

2° Cantonnement.

Par homme et par jour.................	0 fr. 05 c.
Par cheval..............................	le fumier.

(Art. 33 du décret du 2 août 1877.)

45. *Avis à transmettre aux maires par l'autorité militaire* (1).

Les autorités militaires doivent avoir soin d'adresser plusieurs jours à l'avance, deux au moins, aux maires des communes où des troupes auront à séjourner un avis indiquant les réquisitions qu'elles auront à exercer, et de leur faire connaître, en même temps, très exactement, le nombre de militaires de tous grades et de chevaux à loger, ainsi que les conditions dans lesquelles il est à désirer, pour le bien du service, que des logements soient fournis.

L'autorité à laquelle incombe le soin de donner l'avis dont il s'agit devra s'enquérir avec soin des communications postales, afin de s'assurer que son avis parviendra à temps aux municipalités destinataires. (*M. C.* 10 juin 1882, *J. M.*, 1er s., p. 321.)

CHAPITRE V

Du cantonnement.

A. — Du cantonnement.

46. *Définition du cantonnement.*

On entend par *cantonnement* l'ensemble des lieux habités que les troupes occupent sans y être casernées.

Une troupe est *cantonnée* quand elle est simplement

(1) Applicable aux temps de manœuvres, mais non aux cas urgents.

abritée, c'est-à-dire quand l'homme dispose non plus d'un lit, mais seulement de l'espace couvert nécessaire pour s'étendre et se reposer.

On utilise alors tous les abris de façon à assurer à l'homme l'espace couvert suffisant pour se reposer ; cet espace peut être évalué à un mètre sur deux mètres.

Tout local (chambre, remise, écurie, grenier, grange, hangar, etc.), non absolument indispensable aux habitants et qui permet de soustraire le soldat aux intempéries des saisons, peut être requis pour le cantonnement.

Les propriétaires ou détenteurs conservent seulement les locaux qui leur sont nécessaires pour leur logement et celui de leurs animaux ou marchandises. (*C. M.* 15 mars 1882.)

47. *Diverses sortes de cantonnements.*

On distingue deux sortes de cantonnements :

1° Le *cantonnement ordinaire*, ou l'on peut admettre que chaque feu (en moyenne de 3 à 5 habitants) peut loger de 2 à 6 hommes ;

2° Le *cantonnement resserré* que l'on occupe généralement pour un temps très court. Dans les localités peu importantes, on peut loger des corps de troupe, des brigades et même des divisions, puisqu'il ne s'agit pour les soldats que de trouver l'espace nécessaire pour se coucher à l'abri. (Art. 75, instr. 17 février 1875, *J. M.*, 1er s., p. 193.)

48. *État indicatif des ressources de chaque commune.*

Il est établi tous les trois ans, par les soins des municipalités, aux époques fixées par le ministre de la guerre, un état indiquant les ressources que présente chaque commune pour le *cantonnement* des troupes. (*C. M.* 15 mars 1882.)

49. *Comment établi* (1).

Colonnes 1, 2 et 3. — Se reporter à l'article logement, articles n°s 84 à 87.

Colonne 4. — Nombre des hommes pouvant être cantonnés :

Le cantonnement n'est autre chose que l'abri momentané, l'espace couvert, suffisant à l'homme pour déposer son sac et se reposer ; dans le cantonnement resserré, qui correspond au maximum du nombre d'hommes à cantonner, l'espace minimum nécessaire à un homme peut être évalué à un mètre sur deux mètres; c'est du cantonnement resserré, à l'exclusion de tout autre, qu'il convient de s'occuper dans cet état modèle n° 2.

Tout local non absolument indispensable aux habitants et qui permet de soustraire le soldat aux intempéries des saisons, doit figurer au cantonnement (sauf les locaux habités par les personnes visées par l'article 12 de la loi du 3 juillet 1877).

Pour évaluer le nombre de places de *cantonnement ainsi fournies*, on supposera les granges, greniers, hangars, etc., etc., dans l'état où ils sont au moment de l'année où ils offrent la plus grande capacité disponible, sauf à indiquer dans la colonne observations, le chiffre dont il faudra au besoin diminuer le total du cantonnement, pendant telle ou telle période de l'année ; les limites de cette période seront indiquées, ainsi que les raisons ou les usages locaux par suite desquels la capacité de cantonnement se trouverait amoindrie.

(1) Les imprimés sont fournis par les préfets.

En conséquence, la colonne 4 fera connaître quel est le nombre maximum d'hommes pouvant être cantonnés dans la commune, à l'exclusion de tout logement fourni aux officiers ou aux chevaux.

Ce nombre sera le plus souvent considérable; les maires remarqueront que c'est là un simple renseignement statistique dont l'établissement est prescrit par la loi, et qu'en dehors de cas tout à fait exceptionnels, on n'aura pas besoin de recourir à la totalité des ressources ainsi relevées.

C'est notamment ce qui a lieu lors des manœuvres d'automne, où l'on peut être amené à requérir à la fois le logement pour les officiers et leurs chevaux, et le cantonnement pour les hommes, lorsque les ressources de la localité le permettent.

Mais l'autorité militaire reste seule juge de la proportion suivant laquelle les ressources des différentes localités devront être utilisées en raison de l'effectif des troupes, à la condition, toutefois, de ne pas dépasser les chiffres portés sur l'état n° 2.

Naturellement, dans le cas où les locaux sont requis pour le logement, ils sont portés en déduction du cantonnement, et réciproquement.

Colonne 5. — Nombre de chevaux ou mulets pouvant être cantonnés, etc.

Cette colonne doit fait connaître quel est le nombre maximum de chevaux pouvant être abrités dans la commune, en supposant qu'on leur réserve tous les locaux disponibles, même les écuries, granges, remises, hangars, etc., pouvant servir d'abri aussi bien aux chevaux qu'aux hommes.

Dans la colonne 4, on a fait abstraction des chevaux pour calculer le cantonnement des hommes; dans la colonne 5, il faut faire abstraction des hommes pour calculer le nombre total des chevaux qui peuvent être abrités. (*Idem.*)

50. *Comment revisé.*

Le maire de chaque commune sera prévenu par les soins de l'autorité militaire de l'époque présumée du passage de l'officier chargé de la revision ; celui-ci fera ensuite connaître à l'avance le jour et l'heure de son arrivée.

Le maire ou son représentant sera invité à s'y trouver avec le secrétaire de la mairie, le garde champêtre et deux conseillers connaissant bien la commune. (*Idem.*)

51. *État indicatif des ressources de chaque maison.*

Un extrait des tableaux récapitulatifs des états de cantonnement revisés est envoyé par les généraux commandant des régions aux maires des communes intéressées.

Ceux-ci dressent aussitôt, avec le concours des conseillers municipaux, un état indicatif des ressources de chaque maison d'après les nombres fixés pour chaque commune, par les tableaux récapitulatifs.

On peut disposer de la manière suivante le tracé de l'état indicatif, par maison, des ressources de la commune, qui doit être établi par les municipalités. (*Idem.*)

52. — *Modèle de l'état.*

COMMUNE d..............................

ÉTAT N° 2.

Répartition du cantonnement.

DÉSIGNATION par rues, des maisons, au moyen de leur numéro et du nom des propriétaires.	NOMBRE MAXIMUM		OBSERVATIONS.
	des hommes pouvant être cantonnés.	des chevaux pouvant être cantonnés.	
1	2	3	4
Rue Neuve.			
N°s 1. Pierre.	25	4	
— 3. Paul.	140	26	
— 5. Jean.	30	6	
Rue du Lycée.			
N°s 1. Bertrand	15	1	
— 3. Pierron.	20	»	

Les granges, remises, écuries, hangars, etc., pouvant servir d'abri aussi bien aux hommes qu'aux chevaux, doivent être comptés pour la détermination des chiffres à inscrire dans chacune des colonnes (2 et 3); on saura que pour chaque cheval abrité, il faut diminuer de 3 le nombre des hommes pouvant être cantonnés. Ainsi, au n° 3 de la rue Neuve, chez M. Paul, on peut cantonner 140 hommes ou 26 chevaux et 62 hommes ($26 \times 3 + 62 = 140$).

(*Idem.*)

53. *Renseignements à y consigner.*

Dans la colonne n° 1, on aura soin d'écrire les noms des rues en gros caractères, et au-dessous de chacun d'eux les maisons de la rue en les désignant, antant que possible, par leur numéro et le nom de leur propriétaire.

On suivra d'abord un des côtés de la rue avant de passer à l'autre. (*Idem.*)

54. *Copie à remettre à l'officier chargé du cantonnement.*

Tous les états copiés à plusieurs exemplaires, seront conservés avec soin par les municipalités, et une copie sera confiée à l'officier chargé de préparer le cantonnement, afin de lui permettre de faire la répartition des troupes selon la contenance des locaux. (*Idem.*)

55. *Plan de la commune à lui communiquer.*

De plus, pour que cet officier puisse se rendre compte immédiatement de la position et de la distance des écarts, il serait à désirer qu'il trouvât à la mairie un plan de la commune indiquant les ressources de l'agglomération principale et de chacun des écarts, pour le logement et le cantonnement des hommes et des chevaux. Ce plan pourrait être la copie du plan d'assemblage cadastral mis à jour, sur lequel on ajouterait les renseignements ci-dessus. (*Idem.*)

56. *Avis préalable à donner au maire.*

Lorsqu'une troupe doit *cantonner* dans une localité, le maire en est prévenu à l'avance.

L'autorité militaire lui fait connaître l'effectif en officiers, hommes de troupe et chevaux que la commune doit recevoir. (*Idem.*)

57. *Devoirs du maire.*

Il fait préparer les billets de logement pour les officiers et tient à la disposition de l'officier qui précède la colonne l'état indicatif des ressources que possède chaque maison pour le *cantonnement* de la troupe. (*Idem.*)

58. *Devoirs de l'officier de cantonnement.*

En arrivant, l'officier qui précède la colonne reçoit ces billets, les distribue et à l'aide de l'état indicatif des ressources de chaque maison, fait la répartition du *cantonnement*, selon la contenance des locaux. (*Idem.*)

59. *Partage des maisons.*

Le partage des maisons se fait ensuite par les soins des fourriers. (Art. 76, instr. 17 février 1875, *M. J.*, 1er s., p. 193.)

60. *Inscription à faire sur les portes.*

Ceux-ci inscrivent lisiblement sur les portes le nombre d'hommes et de chevaux à loger, ainsi que l'indication de la fraction à laquelle ils appartiennent.

Les officiers sont désignés nominativement. (Art. 76, *Idem.*)

61. *Réclamations.*

Un conseiller municipal doit rester à la mairie assez longtemps après l'arrivée de la troupe pour régler, de concert avec l'officier de garde, les réclamations qui peuvent se produire au sujet du cantonnement. (*C. M.*, 15 mars 1882.)

62. *Observations aux habitants.*

Il serait à désirer, pour éviter les pertes de temps au moment de l'arrivée d'une troupe dans la localité où elle doit cantonner, que chaque habitant inscrivît d'avance à la craie, sur la porte de sa maison, l'effectif en hommes et en chevaux qu'elle peut recevoir d'après l'état n° 2 *bis* établi par la municipalité.

RUE DE PARIS N° 27.	
Hommes	245
Chevaux	72

Il serait préférable encore que ces indications fussent inscrites à l'avance sur une planchette en bois qui pourrait être du modèle indiqué ci-contre, et qui serait fixée d'une façon apparente à la porte de chaque maison, avant l'entrée des troupes dans la localité.

Ce dernier procédé est déjà mis en application dans certains départements. (*Idem.*)

B. — DES OBLIGATIONS QUI EN RÉSULTENT PENDANT LES GRANDES MANŒUVRES.

63. *Cantonnement pendant les grandes manœuvres.*

Afin de se rapprocher le plus possible des conditions de la guerre, les troupes sont cantonnées pendant les grandes manœuvres.

Ce cantonnement n'ouvre aucun droit à indemnité pour les habitants. (*C. M.*, 22 mars 1882, *J. M.* 1er s., p. 367.)

64. *Concours des municipalités.*

Bien que les articles 5, 8 et 9 de la loi du 3 juillet 1877 constituent, en faveur de l'armée, un droit absolu au cantonnement chez l'habitant, ainsi qu'aux prestations énumérées dans les cinq premiers paragraphes de l'article 5 de la loi, on devra, en réclamant le concours des municipalités, faire appel à leur patriotisme, de manière à assurer l'application de la loi sur les réquisitions dans des conditions favorables au bien-être de la troupe. (*Idem.*)

65. *Le chauffage n'est pas fourni gratuitement par les habitants.*

Afin de ne pas imposer aux habitants une charge trop lourde, et par dérogation aux dispositions de l'article 16 de la loi, les troupes cantonnées ne pourront pas exiger desdits habitants la fourniture gratuite du bois de chauffage, dont la distribution devra, en conséquence, être assurée par toute autre voie. (*Idem.*)

66. *Nourriture des isolés et des petits détachements.*

Pour les isolés et les petits détachements, ainsi que pour les troupes de cavalerie, on pourra toujours, mais sans dépasser la limite de six hommes par feu, requérir la nourriture chez l'habitant, dans les conditions prévues à l'article 5 de la loi du 3 juillet 1877 sur les réquisitions militaires ; mais on n'aura recours à ce moyen que lorsqu'il sera impossible de pourvoir autrement à la subsistance de ces fractions de troupes. (*Idem.*)

67. *Autres fournitures requises en cas de besoin.*

On ne devra également user du droit de réquisition, pour les prestations prévues aux paragraphes 3, 4 et 5 de l'article 5 de la loi précitée, que lorsque les autres moyens dont dispose l'administration seront insuffisants pour procurer les ressources nécessaires. (*Idem.*)

68. *Carnets d'ordres deréquisition et de reçus de prestations fournies.*

Afin de faciliter l'application de la loi, des carnets d'ordres de réquisition et de reçus des prestations fournies seront envoyés aussitôt que chaque corps d'armée aura fait connaître le nombre d'exemplaires nécessaires. (*Idem.*)

69. *Usages de ces carnets.*

Les prescriptions réglementaires, relatives à l'établissement des ordres de réquisition et des reçus, sont rappelées sur ces documents. Les chefs de corps ou de détachements qui en feront usage ne devront pas perdre de vue que la remise des ordres de réquisition aux communes et aux individus ne les dispense pas de délivrer, après que la réquisition a été exécutée, des reçus pour les fournitures qui leur sont faites, ou des certificats constatant l'exécution du service requis (art. 3 et 22 de la loi du 3 juillet 1877). Ceux qui s'y refuseraient s'exposeraient à être punis dans les termes de l'article 194 du Code de justice militaire. (*Idem.*)

70. *Qui doit en être pourvu.*

Tous les chefs de corps, ainsi que tous les commandants de bataillon, d'escadron ou de batterie ou de compagnie du génie devront être pourvus, au cours des manœuvres, de carnets d'ordres de réquisitions et de carnets de reçus des prestations fournies.

Exceptionnellement, tout chef de détachement, quel que soit son grade, susceptible d'opérer isolément, pourra être pourvu de ces mêmes carnets. (*Idem.*)

71. *Membres des commissions d'évaluation.*

En exécution des dispositions contenues dans l'article 24 de la loi et dans les articles 45 et 46 du décret du 2 août 1877, les commandants de corps d'armée auront mission de nommer dans chacun des départements de leur région où des réquisitions pourront être exercées pendant les manœuvres, les membres de la commission qui sera chargée d'évaluer les indemnités dues aux personnes et aux communes pour le paiement des prestations fournies. (*Idem.*)

72. *Entente avec les préfets.*

Ces officiers généraux devront s'entendre avec MM. les préfets, afin qu'ils désignent les membres civils de ces commissions; ils choisiront eux-mêmes le président et le secrétaire. Ces commissions seront composées de trois ou de cinq membres; ceux-ci, n'ayant pas à se déplacer, n'auront droit à aucune indemnité. (*Idem.*)

73. *Indemnités à allouer pour les prestations fournies.*

Aux termes des articles 50 et 51 du même décret, un fonctionnaire de l'intendance militaire, désigné par le ministre, doit être chargé d'arrêter, d'après les propositions des commissions d'évaluation départementales, le chiffre des indemnités à allouer pour les prestations fournies. Cette mission devra être remplie par l'intendant militaire du corps d'armée, pour tous les départements ressortissant à sa circonscription administrative. (*Idem.*)

74. *Tarif des objets réquisitionnés.*

Lorsque les commissions croiront devoir établir à l'avance, conformément à l'article 48, des tarifs pour les différents objets susceptibles d'être réquisitionnés, l'intendant du corps d'armée sera également chargé d'arrêter ces tarifs par délégation ministérielle. (*Idem.*)

75. *États à dresser par les maires pour faire payer leurs administrés.*

Les états A, A bis et B, annexés au décret du 2 août 1877, ainsi que le bordereau prescrit par l'article 49 du même décret, que les maires doivent dresser pour faire payer à leurs administrés les prestations requises, leur seront fournis par l'intendant militaire du corps d'armée. (*Idem.*)

76. *Comment établis.*

Ces états, dont les imprimés sont fournis par l'administration de la guerre, sont établis par nature de services administratifs.

Il est nécessaire de se conformer scrupuleusement aux indications portées sur la première feuille si on ne veut pas s'exposer à les recommencer.

77. *Imprimés à forurnir.*

On devra faire, en temps utile, la demande des imprimés nécessaires, lesquels portent les n° 394, 395, 396 et 398 de la nomenclature des imprimés du ministère de la guerre. Ils seront répartis entre les fonctionnaires de l'intendance proportionnellement à l'importance des réquisitions à prévoir. (*Idem.*)

78. *Résumé des obligations des communes.*

En vue de faciliter, aux communes dans lesquelles peut s'exercer le droit de requérir, l'accomplissement des obligations que leur impose la loi sur les réquisitions militaires, il est nécessaire que chacun ait connaissance des observations ci-après qui résument leurs obligations pendant les grandes manœuvres. (Instr. 17 mars 1882, *J. M.*, 1er s., p. 187.)

79. *Nourriture par l'habitant.*

Lorsque l'habitant est requis de fournir la nourriture, il doit fournir, en principe, soit la ration réglementaire du soldat, soit une alimentation substantielle équivalente, au moyen des aliments, quels qu'ils soient, dont il est approvisionné, ou de ceux en usage dans le pays.

Néanmoins, en aucun cas, il ne peut être exigé une nourriture supérieure à l'ordinaire de l'individu requis.

La nourriture est toujours demandée et fournie par demi-journée, c'est-à-dire par repas.

Un repas doit comprendre, autant que possible :

375 grammes de pain ;

80 grammes de viande cuite avec le bouillon ou potage ou en ragoût;

Un plat de légumes assaisonné;

Un quart de litre de café ou de vin, ou un demi-litre de bière ou de cidre.

La composition qui précède n'est donnée qu'à titre de renseignement et sous les réserves exprimées plus haut.

Les officiers ne peuvent exiger une alimentation différente de celle du soldat; mais il leur est loisible de s'entendre, avec leurs hôtes, pour la fourniture de suppléments, dont le prix est directement et immédiatement payé.

L'habitant n'a pas seulement la charge de fournir les aliments; il peut être tenu (sauf le cas d'impossibilité) d'effectuer la préparation culinaire ; il fournit, en tout cas, les condiments et le combustible nécessaires à cette préparation.

L'autorité militaire, en exécution du titre V de la loi du 3 juillet 1877, et d'après l'avis de la commission mixte d'évaluation, fixe le taux de la demi-journée de nourriture.

La réquisition est faite à la commune par l'autorité militaire.

La fixation du nombre d'hommes à nourrir dans chaque famille est faite par le maire et est notifiée par un billet de nourriture analogue au billet de logement.

Chaque corps de troupe ou chaque état-major, par l'organe de son officier d'approvisionnement, donne reçu, en bloc, à la commune ; les habitants règlent, individuellement, avec la municipalité.

Lorsque la nourriture n'est demandée que pour quelques hommes isolés, le reçu peut être remis directement au traiteur.

Les traiteurs ou maîtres d'hôtels sont prévenus que lorsqu'ils sont requis de nourrir des militaires, ils doivent les servir de préférence à toutes personnes payantes. S'ils ne se conforment pas à cette disposition, l'autorité militaire consignera leur établissement à la troupe. (*Idem.*)

80. *Fourniture du combustible.*

Aux termes de la loi du 3 juillet 1877, article 16, tout militaire logé ou cantonné a place au feu et à la chandelle.

Les habitants ont, en conséquence, l'obligation formelle de fournir le chauffage en nombre de rations égal au nombre des hommes logés ou cantonnés.

Toutefois, afin d'alléger les charges des populations, et par exception aux dispositions de la loi susvisée, le ministre de la guerre a décidé que les fournitures de chauffage seraient remboursées aux communes. Il doit être entendu que la foutniture doit, en tout état de cause, se faire, dans chaque maison, par chaque famille, à raison de l'effectif cantonné ; les personnes qui seraient dépourvues de combustible, doivent s'en procurer avec le concours de la municipalité, qui prend également des dispositions pour la fourniture dans les locaux inoccupés.

Chaque corps de troupe ou chaque état-major, par l'organe de son officier d'approvisionnement, donne reçu, en bloc, à la commune, à raison de l'effectif total, et paye, autant que possible, immédiatement. Les habitants règlent, individuellement, avec la municipalité. (*Idem.*)

81. *Fourniture de la paille de couchage.*

La paille de couchage n'est obligatoirement fournie à la troupe que lorsque cette allocation est due, soit en vertu des règlements, soit par les ordres de l'autorité militaire. Dans ce cas, elle est payée aux communes; le tarif de remboursement tient compte de la valeur de la paille laissée sur les lieux.

La fourniture en est effectuée, comme il est dit ci-dessus pour le combustible dans chaque maison, par chaque famille, à raison de l'effectif cantonné, et au taux de 2 kil.,500 par homme; les personnes dépourvues de paille s'en procureront avec l'assistance de la municipalité, qui prend également des dispositions pour la fourniture dans les locaux inoccupés.

Le règlement se fait comme pour le combustible.

Lorsque la paille de couchage n'est pas due à la troupe, et que, par suite, la fourniture n'en est pas exigée, les populations ont, néanmoins, la faculté de la fournir, mais, dans ce cas, gratuitement. (*Idem.*)

CHAPITRE VI

Du logement chez l'habitant.

---

82. *Définition du logement.*

Une troupe est logée chez l'habitant quand les officiers sont placés seuls dans des chambres reconnues à l'avance, et quand il est fourni un lit par sous-officier et par deux caporaux ou soldats.

Dans ce cas, les chevaux sont installés dans les places disponibles des écuries, étables, etc. (*C. M.* 15 mars 1882.)

83. *État indicatif des ressources de chaque commune.*

Il est établi, tous les trois ans, par les soins des municipalités, des états indiquant les ressources que présente chaque commune, pour le logement des troupes :

On devra se conformer aux indications suivantes pour l'établissement de ces états, dont les imprimés sont fournis par l'administration préfectorale. (*Idem.*)

84. *Comment établi* (1).

Colonne 1. — Nom de la commune, indication de l'agglomération principale, des hameaux et des maisons isolées :

(1) Les imprimés sont fournis par les préfets.

S'il s'agit d'une commune rurale, on inscrira en premier lieu le groupe dont fait partie la mairie, puis successivement les hameaux, châteaux et fermes ou maisons isolées, pouvant servir à loger les troupes.

On aura soin d'indiquer dans la marge, à gauche et en regard de chaque nom de groupe, la distance de ce groupe à la mairie, distance comptée par les chemins d'accès et non pas évaluée à vol d'oiseau.

S'il s'agit d'une commune urbaine, on la fractionnera quartier par quartier, le quartier inscrit le premier étant toujours celui où est située la mairie.

Colonne 2. — Nombre des habitants :

Le dernier recensement de la population servira de base aux chiffres à inscrire dans cette colonne; ces chiffres, modifiés s'il y a lieu, devront, en tout cas, ne pas comprendre la population dite flottante.

Colonne 3. — Nombre des maisons :

Pour remplir cette colonne, on se servira aussi, comme base, du dernier tableau de recensement, en tenant compte des maisons récemment construites, détruites par incendie ou autrement, etc., etc.

Colonne 4. — Nombre des chambres pour officier :

On doit entendre par chambre pour officier celle dont on peut disposer, dans beaucoup de familles, pour un parent ou un ami, quand ces derniers viennent à l'occasion des fêtes, des marchés, etc. Il n'est pas nécessaire qu'elles soient luxueuses.

Colonne 5. — Nombre des lits pour officier :

Dans la plupart des chambres visées au paragraphe précédent, il sera possible de mettre, à un moment donné, et pour un très petit nombre de jours, deux et quelquefois trois lits par chambre; deux ou trois officiers subalternes pourront ainsi être suffisamment installés pour une nuit.

On ne portera comme lits pour officier que ceux qui sont dans des conditions convenables d'installation.

Colonne 6. — Nombre des lits pour la troupe :

On doit entendre par là tous les objets de couchage disponibles dans les habitations, fermes, etc., qui peuvent être utilisés pour les sous-officiers et hommes de troupe; un matelas ou paillasse avec une couverture constituent un lit pour la troupe.

Colonne 7. — Nombre de places dans les écuries, étables ou remises, pour chevaux ou mulets :

Il faut compter environ 1 mètre sur 3 mètres par place de cheval ou mulet.

On recherchera tous les locaux fermés non occupés d'une façon permanente et pouvant servir à loger des chevaux, sans se préoccuper si ces locaux sont ou non pourvus de mangeoires ou de râteliers; on évaluera la capacité des écuries ou étables, en supposant que les animaux qui les occupent habituellement sont resserrés, et celle des bergeries, en admettant que les moutons sont parqués en plein air. Quant aux remises ,granges, hangars, etc., on ne comptera comme fournissant des places pour chevaux que ceux de ces locaux où les animaux seront non seulement abrités, mais logés.

Il en résulte que le chiffre à inscrire dans la colonne 7 représentera le maximum des chevaux qu'on peut loger; dans la colonne observations, on devra indiquer le chiffre dont ce total devrait être diminué pendant telle ou telle période de l'année, ainsi que les raisons ou les usages locaux par suite desquels, pendant ce temps, la capacité disponible serait devenue moindre.

Colonne 8. — Nombre des places pour voitures :

Il faut compter environ 2 mètres sur 5 mètres pour une voiture militaire à quatre roues.

Cette colonne s'applique à tous les abris pouvant être

disponibles à un moment donné, tels que hangars, halles, locaux couverts, mais non fermés, etc., où l'on pourrait abriter des voitures militaires et même des chevaux en cas d'insuffisance d'abris fermés.

Par analogie avec ce qui a été dit au sujet de la colonne précédente, le nombre de voitures ainsi obtenu représente un maximum; on devra indiquer, dans la colonne observations, le chiffre dont il faudrait diminuer ce total pendant telle ou telle période de l'année, par exemple au moment où les hangars sont pleins de fourrages, etc., etc. (*Idem.*)

85. *Comment revisé.*

Le maire de chaque commune sera prévenu par les soins de l'autorité militaire de l'époque présumée du passage de l'officier chargé de la revision; celui-ci fera ensuite connaître à l'avance le jour et l'heure de son arrivée.

Le maire ou son représentant sera invité à s'y trouver avec le secrétaire de la mairie, le garde champêtre et deux conseillers connaissant bien la commune. (*Idem.*)

86. *État indicatif des ressources de chaque maison.*

Un extrait récapitulatif des états de logement revisés est envoyé par les généraux commandant des régions aux maires des communes intéressées.

Ceux-ci dressent aussitôt, avec le concours des conseillers municipaux, un état indicatif des ressources de chaque maison d'après les nombres fixés pour chaque commune, par les tableaux récapitulatifs.

Il est avantageux de disposer de la manière suivante le tracé de l'état indicatif, par maison, des ressources de la commune, qui, aux termes de l'article 26 du décret du 2 août 1877, doit être établi par les municipalités. (*Idem.*)

87. *Modèle de l'état.*

COMMUNE d

ÉTAT N° 1.

Répartition des ressources pour le logement.

DÉSIGNATION par rues des maisons au moyen de leur numéro et du nom de leur propriétaire.	NOMBRE					OBSERVATIONS.
	de chambres pour officiers.	de lits pour officiers (1).	de lits pour la troupe.	de place pour chevaux (2).	de places pour voitures (3).	
1	2	3	4	5	6	
Rue Neuve.						
Nos 1. Pierre.	»	»	1	4	»	
— 3. Paul..	1	2	4	20	2	
— 5. Jean..	»	»	2	»	»	
Rue du Lycée.						
Nos 1. Bertrand.. . . .	1	1	2	1	»	
— 3. Pierron.	2	2	3	»	»	

(1) On ne peut compter comme lits pour officiers que ceux qui sont dans des chambres pour officiers.

(2) Dans des abris fermés, tels que : écuries, étables, granges, remises, etc.

(3) Dans des abris ouverts, tels que hangars, etc.

88. *Renseignements à y consigner.*

Dans la colonne 1, on aura soin d'écrire les noms de rue en gros caractères, et au-dessous de chacun d'eux les maisons de la rue en les désignant, autant que possible, par leur numéro et le nom de leur propriétaire.

On suivra d'abord un des côtés de la rue avant de passer à l'autre. (*Idem.*)

89. *Copie à remettre à l'officier chargé du logement.*

Cet état copié à plusieurs exemplaires sera conservé avec soin par les municipalités, et une copie sera confiée à l'officier chargé de préparer le logement, afin de lui permettre de faire la répartition des troupes selon la contenance des locaux. (*Idem.*)

90. *Plan de la commune à lui communiquer.*

De plus, pour que cet officier puisse se rendre compte immédiatement de la position et de la distance des écarts, il serait à désirer qu'il trouvât à la mairie un plan de la commune indiquant les ressources de l'agglomération principale et de chacun des écarts, pour le logement des hommes et des chevaux. Ce plan pourrait être la copie du plan d'assemblage cadastral mis à jour. (*Idem.*)

91. *Militaires ayant droit au logement chez l'habitant.*

Conformément aux dispositions de la loi du 3 juillet 1877, le logement est fourni en nature chez l'habitant :

1° Aux militaires de tous grades et de toutes armes, et autres considérés comme tels, marchant en corps, en détachement, isolément, ou allant en congé, munis de feuilles de route ;

2° Aux hommes de troupe et sans troupe, en station dans les places ou cantonnements dans lesquels il n'y a pas de bâtiments militaires, ou lorsque les bâtiments militaires qui y existent sont reconnus insuffisants, ou se trouvent dépourvus de fournitures de coucher. (Art. 100 du règlement du 20 juillet 1824.)

92. *Autres militaires ayant droit au logement chez l'habitant.*

Les militaires chargés de la conduite des chevaux de remonte ont droit, comme toutes les troupes en marche, au logement, chez l'habitant, pour eux et les chevaux qu'ils conduisent. (Art. 1er du décret du 14 septembre 1854.)

93. *Les officiers, voyageant isolément, n'ont pas droit au logement chez l'habitant.*

Les officiers et assimilés qui se déplacent isolément, n'ont pas à réclamer des habitants le bénéfice du logement en nature. (*C. M.* 4 juin 1877.)

94. *Ainsi que les membres militaires des conseils de revision.*

Les membres militaires des conseils de revision n'ont aucun droit à des billets de logement pendant la tournée du conseil. (*C. M.* 30 avril 1860.)

95. *La troupe peut être logée pour une nuit chez l'habitant à son arrivée en garnison.*

Lorsqu'un corps ou détachement arrive dans une place pour y tenir garnison, la troupe est considérée comme étant encore en marche, et logée chez l'habitant pour une nuit ou deux au plus. (Art. 101 du règlement du 20 juillet 1824.)

96. *Le logement comprend les écuries, etc.*

Le logement chez l'habitant comprend les écuries pour les chevaux, et les remises ou emplacements pour les voitures et les bagages. (Art. 102 du règlement du 20 juillet 1824.)

97. *Présentation de la feuille de route, ou demande faite au maire.*

Les maires font fournir le logement chez l'habitant, sur la présentation des feuilles de route pour les militaires en marche, et sur les demandes de l'autorité militaire pour les troupes en station. (Art. 103 du règlement du 20 juillet 1824.)

98. *Lits composés comme ceux des casernes.*

Les lits fournis par les habitants aux sous-officiers et soldats doivent, autant que possible, être composés comme ceux des casernes, et il doit y avoir dans la chambre deux chaises ou un banc. (Art. 104 du règlement du 20 juillet 1824.)

99. *Indemnités allouées aux habitants pour le logement.*

Le logement fourni par l'habitant aux troupes donne droit au paiement des indemnités fixées par l'article 33 du décret du 2 août 1877, lorsqu'il a été fourni plus de trois nuits dans un même mois. (Art. 105 du règlement du 20 juillet 1824.)

100. *Pour lits prêtés dans les casernes.*

Lorsque les habitants fournissent, dans les bâtiments militaires non meublés, des lits complets pour le coucher de la troupe, ils reçoivent du département de la guerre, pour tout le temps de l'occupation de ces lits, une indemnité qui est fixée par l'article 53 de la loi du 23 mai 1792, à dix centimes par lit et par nuit. (Art. 106 du règlement du 20 juillet 1824.)

101. *Officiers en garnison ou en cantonnement.*

Les officiers, à leur arrivée en garnison ou en cantonnement, ne peuvent prétendre à des billets de logement pour plus de trois nuits ; ils sont tenus de se loger ensuite de gré à gré, et à leurs frais.

Les maires doivent veiller à ce que les habitants n'abusent pas dans le prix des loyers du besoin de logement où se trouvent les officiers. (Art. 107 du règlement du 20 juillet 1824.)

102. *Dégradations à la charge des militaires.*

Les militaires logés chez l'habitant sont responsables des dommages et des dégradations qu'ils auraient occasionné dans leur logement. (Art. 108 du règlement du 20 juillet 1824.)

103. *Réclamations tardives non admises.*

Les réclamations des habitants ne sont admises que lorsqu'elles ont été présentées avant le départ des militaires, ou au plus tard trois heures après, soit aux commandants des corps ou détachements, soit, dans le cas où il serait constaté que ceux-ci sont déjà partis, au juge de paix et, à défaut de juge de paix, au maire du lieu, qui constate que la réclamation a été faite en temps opportun. (Art. 109 du règlement du 20 juillet 1824.)

104. *Mandats délivrés au nom des receveurs municipaux.*

Dans le cas prévu en l'article 108, les mandats de paiement sont délivrés au nom des receveurs municipaux, qui, après en avoir reçu le montant, sont chargés de tenir compte aux habitants des sommes qui leur reviennent. (Art. 110 du règlement du 20 juillet 1824.)

Ces mandats sont adressés aux préfets qui les font parvenir aux intéressés par la voie hiérarchique. (*C. M.* 9 juin 1882, *J. M.*, 1er s. P. R., p. 320.)

CHAPITRE VII.

Distribution du logement chez l'habitant aux troupes en marche.

---

105. *Avis des passages de troupes donnés aux préfets.*

Les généraux commandant les corps d'armée doivent donner avis aux préfets des passages de troupes qui doivent avoir lieu dans les villes et communes de leurs départements respectifs.

Ces avis doivent faire connaître :

1° Quelle est cette troupe ;

2° Sa composition et son effectif en officiers, hommes de troupe et chevaux ;

3° Les dates d'arrivée et de séjour dans les divers gîtes

d'étapes où elle doit loger. (*C. M.* 19 décembre 1840, 28 avril 1853 et 15 juillet 1882, *J. M.*, 2e s. P. R., p. 46.)

106. *Ceux-ci préviennent les maires des gîtes d'étapes.*

Les préfets doivent donner immédiatement avis de ces passages aux maires des villes et communes qui auront besoin d'en avoir connaissance, afin d'éviter des retards et des embarras pour la fourniture et la distribution des vivres, ainsi que pour le logement des troupes. (*C. M.* 19 décembre 1840 et 28 avril 1853.)

107. *Itinéraires des détachements voyageant par voies ferrées.*

Afin d'éviter les réclamations qui se sont produites, le ministre fait les recommandations les plus formelles pour que les itinéraires des détachements voyageant par chemin de fer soient, comme tous les autres, tracés de telle sorte que les militaires, voyageant isolément ou en détachement, ne se trouvent jamais dans la nécessité de coucher en dehors d'un gîte d'étape. (*C. M.* 15 novembre 1875.)

108. *Les troupes voyageant en chemin de fer ne doivent pas arriver trop tard dans les localités où elles doivent loger chez l'habitant.*

Les troupes, voyageant en chemin de fer, arrivent parfois à une heure assez avancée de la soirée dans les localités où elles doivent loger chez l'habitant. Il en résulte qu'elles ne peuvent obtenir que difficilement des billets de logement et que les habitants désignés pour les loger sont troublés dans leur repos. (*C. M.* 5 août 1868.)

109. *Heures d'arrivées des détachements.*

Afin de remédier à ces inconvénients, il y a lieu de choisir, pour le transport des troupes par les voies rapides, les trains qui arrivent dans les localités désignées comme point d'arrêt assez tôt pour que les hommes puissent recevoir leurs billets de logement et se présenter chez les habitants, dans les places de garnison, avant l'heure de la retraite, et dans les autres gîtes, avant sept heures du soir en hiver et avant huit heures du soir en été. (*C. M.* 5 août 1868.)

110. *Heures d'arrivées des isolés.*

Quant aux isolés voyageant munis d'une feuille de route individuelle, on doit, au moment de la délivrance de ce titre, leur recommander, de la manière la plus formelle, de prendre leurs dispositions pour arriver dans les mêmes conditions aux différents points du trajet où ils pourraient avoir à profiter d'un billet de logement. (*C. M.* 5 août 1868.)

111. *Recommandation aux isolés.*

On les préviendra, en même temps, que, faute par eux de se conformer à cette recommandation, ils seront déchus du droit au billet de logement. (*C. M.* 5 août 1868.)

112. *État du logement chez l'habitant à remettre au commandant de place.*

Le commandant de place reçoit de l'administration municipale les états qui ont pour objet de fixer l'assiette du logement chez l'habitant. Lorsqu'il est prévenu qu'un corps de troupes doit passer dans la place, il veille, de concert avec l'autorité municipale, à ce que les dispositions relatives au logement des troupes soient exécutées. (Art. 164 du décret du 13 octobre 1863.)

113. *Devoirs du commandant de place avant l'arrivée d'une troupe.*

. . . .

Si la troupe doit loger chez l'habitant, le commandant de place se concerte avec l'autorité civile, pour que ses fractions constituées soient logées dans des quartiers contigus; il veille à ce qu'il ne soit point donné de billets de logement pour les maisons qui ne sont pas habitées.

. . . .

(Art. 43 du décret du 13 octobre 1863.)

114. *Présentation des feuilles de route aux maires.*

Les maires des gîtes d'étapes sont tenus de faire fournir, sur la présentation des feuilles de route, le logement chez l'habitant aux corps et aux détachements de troupes en marche, et aux militaires voyageant isolément.

Les autorités militaires doivent, autant que possible, donner à l'avance avis aux maires des époques d'arrivée et de séjour des corps et détachements, afin que les billets de logement puissent être préparés. (Art. 111 du règlement du 20 juillet 1824.)

115. *Renseignements donnés aux maires par les officiers commandants.*

L'officier ou le sous-officier qui précède la troupe ne doit pas s'immiscer dans le choix des logements. Il donne au maire une situation numérique de la troupe pour établir le logement dans l'ordre de bataille et que les officiers, les sous-officiers et les soldats de la même compagnie soient logés autant que possible dans la même rue ou le même quartier. (Art. 112 du règlement du 12 juillet 1824; art. 335, infanterie; 398, cavalerie de l'ord. du 2 novembre 1833.)

116. *Recommandations faites par les officiers qui précèdent la troupe.*

Ils recommandent aux maires qu'il ne soit pas délivré de billets de logement pour les maisons qui ne sont pas habitées, et que les habitants qui ne logent pas les militaires chez eux fassent connaître à l'avance les maisons où ils les envoient, afin que les billets soient faits en conséquence, et que les militaires puissent s'y rendre directement. (Art. 335, infanterie; 398, cavalerie de l'ord. du 2 novembre 1833.)

117. *Troupes logées le plus près possible du gîte d'étape.*

Lorsque les troupes en marche ne peuvent être logées en totalité dans le gîte d'étape désigné sur la feuille de route, les maires doivent, autant que possible, placer les détachements en avant ou à la hauteur de ce gîte, afin de leur éviter des marches inutiles. (Art. 113, règlement du 20 juillet 1824.)

Ce devoir imposé au maire du gîte principal, implique le droit de désigner les localités voisines qui doivent recevoir une partie de la troupe à loger.

S'il s'élève des difficultés, c'est le préfet qui doit faire la répartition, sauf appel au ministre de l'intérieur.

Mais dans la pratique, il importe précisément de prévenir ces difficultés qu'entraîneraient des délais incompatibles avec la nécessité de pourvoir sans retard au logement des troupes de passage, et de mettre les préfets à même de prendre en temps utile toutes les dispositions nécessaires.

C'est donc aux préfets, et par délégation aux sous-préfets qu'il appartient, comme par le passé, de désigner, s'il y a lieu, les communes voisines du gîte principal qui doivent concourir avec lui au logement des troupes.

On ne doit pas, d'ailleurs, tenir compte des limites des départements. (*C. M.* 15 juillet 1882, *J. M.*, 2ᵉ s., P. R., p. 46.)

118. *Guides donnés pour les gîtes annexes.*

Dans le cas prévu par l'article précédent, les maires envoient au-devant de la colonne, et jusqu'au lieu marqué pour la séparation de la troupe, des guides qui sont chargés de conduire les détachements dans les gîtes annexes. (Art. 114 du règlement du 20 juillet 1824.)

119. *Guides pour le retour.*

Des guides sont pareillement fournis au départ d'une troupe répartie dans les cantonnements, lorsqu'ils sont jugés nécessaires et demandés par le commandant, pour diriger les détachements par la route la plus courte et la plus commode sur le point où ils doivent rejoindre la colonne dans la direction du nouveau gîte. (Art. 115 du règlement du 20 juillet 1824.)

120. *Logement dans les fermes et maisons isolées.*

Les soldats ou cavaliers ne doivent être logés dans des fermes ou maisons isolées, qu'autant qu'elles peuvent recevoir une compagnie entière, ou une fraction régulière de compagnie avec un officier ou un sous-officier. Les chevaux sont placés dans des écuries à portée du logement de chaque escadron. L'habitant fournit aux gardes d'écuries la lumière nécessaire pour la surveillance des chevaux pendant la nuit. (Art. 116 du règlement du 20 juillet 1824.)

121. *Logement des chefs d'ordinaire.*

Les maires désignent pour le logement des chefs d'ordinaire des maisons dont les habitants peuvent fournir les ustensiles nécessaires, ainsi que la place suffisante pour faire la cuisine pour huit ou seize hommes, et pour qu'ils puissent y manger; sauf à faire alterner les habitants, ou à leur accorder en compensation de cette charge une diminution relative du logement militaire. (Art. 117 du règlement du 20 juillet 1824.)

122. *Billets de logement remis à l'officier.*

Le maire remet les billets à l'officier chargé du logement en paquets séparés pour chaque escadron ou compagnie, de manière que les officiers, sous-officiers et soldats qui les composent, soient, autant que possible, logés dans le même village ou bourg, ou dans le même quartier, afin d'en faciliter le rassemblement et la surveillance. (Art. 118 du règlement du 20 juillet 1824.)

123. *Distribution des billets.*

L'officier chargé du logement, ou l'adjudant fait la distribution des billets aux fourriers, conformément à l'ordonnance sur le service intérieur des troupes. (Art. 119 du règlement du 20 juillet 1824.)

124. *Devoirs des fourriers.*

Aussitôt que les fourriers ont reçu les billets de logement, ils inscrivent au dos les noms des hommes auxquels ils sont destinés.

Il est défendu aux fourriers, sous peine de suspension ou de cassation de faire avec les habitants aucun trafic de billets. (Art. 342, infanterie; art. 406, cavalerie de l'ord. du 2 novembre 1833.)

125. *Officier civil et militaire faisant droit aux réclamations.*

Après la distribution du logement, l'officier commandant, le garde de police et l'un des membres du conseil municipal doivent rester à la mairie, pour recevoir les réclamations des habitants et des militaires, et pour y faire droit, s'il y a lieu.

Il y reste deux heures. (Art. 120 du règlement du 20 juillet 1824; art. 340, infanterie; 404, cavalerie de l'ord. du 2 novembre 1833.)

126. *Visite dans les logements.*

Deux ou trois heures après l'arrivée, les officiers et sous-officiers visitent les logements, particulièrement ceux dans lesquels se font les ordinaires; ils entendent les réclamations des soldats, et font droit aux plaintes des hôtes quand elles sont justes. (Art. 361, infanterie; 432, cavalerie; ord. 2 novembre 1883.)

127. *Logements des officiers.*

Les logements à fournir aux officiers par les habitants doivent être composés, autant que possible, pour les différents grades, conformément aux dispositions ci-après :

1° Le logement d'un maréchal de France ou d'un général commandant en chef est composé du nombre de chambres dont il a besoin, tant pour lui que pour ses secrétaires et pour ses ordonnances, d'une cuisine et des écuries nécessaires à ses chevaux;

2° Celui d'un général de division, de quatre chambres et d'un cabinet garnis, tant pour lui que pour ses secrétaires, d'une cuisine, des chambres et lits suffisants pour coucher de deux en deux six ordonnances;

3° Celui d'un général de brigade, de trois chambres et d'un cabinet garnis, tant pour lui que pour son secrétaire, d'une cuisine, des chambres et lits suffisants pour coucher de deux en deux quatre ordonnances;

4° Celui d'un colonel, de trois chambres garnies, d'une cuisine, des chambres et lits suffisants pour coucher trois ordonnances;

5° Celui d'un lieutenant-colonel, d'un chef de bataillon ou d'escadron, ou major, ou médecin-major de 1re classe, de deux chambres garnies, d'une cuisine, et d'une chambre garnie d'un lit pour deux ordonnances;

6° Celui d'un trésorier ou d'un officier payeur, de deux chambres dont une sans lit, et d'une autre chambre avec lit pour son ordonnance;

7° Celui d'un capitaine, d'un médecin major de 2e classe, d'un médecin aide-major de 1re ou de 2e classe, d'un vétérinaire en 1re et d'un aumônier, d'une chambre avec un lit, et d'une autre chambre avec lit pour son ordonnance;

8° Les lieutenants, les sous-lieutenants, les aides-vétérinaires, les chefs de musique seront logés deux à deux dans des chambres à deux lits, en leur donnant une chambre avec un lit pour leurs ordonnances;

9° Les colonels, lieutenants-colonels, chefs de bataillon

et capitaines du génie, ainsi que les officiers de l'artillerie, non attachés aux régiments, ont, en sus du logement affecté à leur grade, une chambre claire garnie sans lit; quant aux lieutenants du corps de génie, ils ont le logement de capitaine ;

10° Le logement de l'intendant militaire en chef est composé du nombre de chambres garnies dont il a besoin, tant pour lui et ses secrétaires que pour ses ordonnances et sa cuisine ;

11° Celui de chaque intendant militaire est de trois chambres et un cabinet garnis, tant pour lui que pour son secrétaire, d'une cuisine, des chambres et lits suffisants pour coucher de deux en deux quatre ordonnances;

12° Celui de chaque sous-intendant militaire est de trois chambres garnies, d'une cuisine, des chambres et lits suffisants pour coucher trois ordonnances;

13° Celui de chaque adjoint à l'intendance militaire est de deux chambres garnies, d'une cuisine et d'une chambre garnie d'un lit pour deux ordonnances ;

14° Les écuries sont fournies à raison de 1 mètre 166 millimètres par cheval effectif: le nombre des chevaux n'excédera pas celui qui est prescrit par les règlements. (Art. 121 du règlement du 20 juillet 1824 et arrêté du 14 octobre 1824.)

128. *Ameublements des officiers.*

Les lits qui sont fournis par les habitants, dans les logements des officiers, sont garnis d'une housse, d'une paillasse, de deux matelas, ou d'un seul avec un lit de plume, d'un traversin, de deux couvertures, et d'une paire de draps.

Chaque chambre à lit est meublée d'une table, de chaises, d'une armoire ou commode fermant à clef, d'un porte-manteau, d'un pot à l'eau avec sa cuvette, et de deux serviettes par semaine.

Quant aux autres chambres qui sont accordées aux officiers, et qui ne doivent point être garnies de lits, elles sont meublées de tables, chaises, chandeliers et autres ustensiles nécessaires.

Chaque lit d'ordonnance est composé comme celui du soldat. (Art. 121 du règlement du 20 juillet 1824.)

129. *Lits à fournir aux sous-officiers et aux soldats.*

Les habitants doivent fournir un lit pour deux caporaux, brigadiers et soldats.

Il devra être délivré un lit pour chaque sous-officier, qui doit coucher seul. (Art. 122 du règlement du 20 juillet 1824.)

130. *Ustensiles prêtés.*

L'habitant prête aux officiers, sous-officiers et soldats les ustensiles de cuisine et de table et doit aux sous-officiers et soldats place au feu et à la chandelle. (Art. 123 du règlement du 20 juillet 1824.)

131. *Les habitants ne peuvent être délogés de leur chambre habituelle.*

Les habitants ne doivent jamais être délogés de la chambre, ni des lits où ils ont coutume de coucher; ils ne peuvent, néanmoins, sous ce prétexte, se soustraire à la charge du logement selon leurs facultés. (Art. 124 du règlement du 20 juillet 1824.)

132. *Les soldats ne doivent rien exiger de leurs hôtes.*

Les soldats ne doivent rien exiger deleurs hôtes, quand même ceux-ci refusent de leur donner ce qui leur est dû ; ils avertissent leur officier ou leur sergent de section, qui s'adresse à la mairie pour leur faire rendre justice. (Art. 359, infanterie; 430, cavalerie de l'ord. du 2 novembre 1833.)

133. *Garde de police.*

Dans les gîtes, la garde de police est établie à la mairie, ou dans tout autre local à proximité, reconnu propre à servir de corps de garde, et désigné par le maire, qui y fait fournir le chauffage, la lumière et les ustensiles nécessaires. (Art. 125 du règlement du 20 juillet 1824.)

134. *Local fourni pour les bagages.*

Il est fourni aux roupes en marche, pour le dépôt de leurs bagages, un local à proximité du corps de garde de police. (Art. 126 du règlement du 20 juillet 1824.)

135. *Réclamations et plaintes des habitants au départ d'une troupe.*

Le commandant de place reçoit les réclamations ou plaintes que les habitants auraient à former contre les officiers, les sous-officiers et les soldats de la troupe partant; il prend des mesures pour qu'il y soit fait droit, si elles sont reconnues fondées.

Lorsque les plaintes sont d'une nature grave, le commandant de place en saisit le commandant de la subdivision, qui rend compte au général commandant la division.

Celui-ci les transmet au général commandant la division dans laquelle la troupe va stationner. Le ministre est informé, s'il y a lieu. (Art. 199 du décret du 13 octobre 1863.)

136. *Certificat de bien vivre.*

Si la troupe a été logée chez l'habitant, son chef est tenu de faire prendre à la mairie par le commandant de l'arrière-garde un certificat relatif à la conduite tenue par les soldats à l'égard de leurs hôtes et aux réclamations ou plaintes auxquelles il n'aurait pu être fait droit. (Art. 201 du décret du 13 octobre 1863.)

CHAPITRE VIII.

Distribution du logement, chez l'habitant, aux troupes en station.

---

137. *Les troupes en station ne doivent être logées chez l'habitant qu'à défaut de place dans les bâtiments militaires.*

Le ministre de la guerre rappelle qu'il ne doit être placé à demeure chez l'habitant aucun détachement, aucun sous-officier ou soldat, aucuns chevaux appartenant à des corps de troupe en station, qu'autant qu'il serait constaté que les bâtiments militaires de la place sont totalement occupés et momentanément insuffisants. (Note m. du 29 juin 1827.)

138. *En ce cas, même, le logement ne doit être que temporaire.*

En ce cas même, la prestation du logement par les villes ne doit être que temporaire, et il y a lieu de suppléer, par des locations consenties de gré à gré, au défaut de capacité des quartiers partout où leur insuffisance paraît devoir être permanente. (Note m. du 29 juin 1827.)

139. *Certificat à produire par le commandant du génie.*

Le ministre invite, en conséquence, les autorités militaires à ne requérir le logement chez l'habitant, pour des détachements, des hommes et des chevaux isolés, faisant partie d'un corps en station, que sur le vu d'un certificat du commandant du génie, attestant que ces détachements, ces hommes ou ces chevaux, ne peuvent être placés dans les bâtiments militaires. Les fonctionnaires de l'intendance militaire annexeront ces attestations aux états portant décompte des indemnités dues aux communes. (Note m. du 29 juin 1827.)

140. *Demande faite au maire par l'autorité militaire.*

Lorsqu'un corps de troupe en station doit être logé chez l'habitant, l'autorité militaire en donne avis à M. le préfet du département, et en fait par écrit la demande au maire de la commune, en faisant connaître à ces deux fonctionnaires le nombre d'officiers, de sous-officiers, de soldats et de chevaux à loger, ainsi que les emplacements nécessaires pour les magasins du corps. (Art. 128 du règlement du 20 juillet 1824 et arrêté du 14 octobre 1824.)

141. *États des logements militaires, communiqués aux maires.*

Les sous-intendants militaires communiquent les états des logements militaires et de leur ameublement aux maires de chaque ville, afin que ceux-ci puissent connaître si les demandes de logement chez l'habitant qui leur sont faites sont proportionnées aux besoins du service.

Les états certifiés par le sous-intendant militaire et par l'officier du génie font foi. (Art. 129 du règlement du 20 juillet 1824.)

142. *Distribution du logement.*

Dans le cas prévu par l'article 128, il est procédé, pour la distribution du logement chez l'habitant aux troupes en station, suivant les règles prescrites dans la section précédente pour les troupes en marche. (Art. 130 du règlement du 20 juillet 1824.)

143. *Visite des logements chez l'habitant.*

. . . .

Lorsque la troupe est logée chez l'habitant et qu'elle doit y rester plusieurs jours, les officiers font, le lendemain de l'arrivée, la visite des logements ; le chef de corps fait connaître les rectifications jugées nécessaires au commandant de place, qui les réclame de l'autorité municipale. L'état des logements des officiers est adressé au commandant de place par le colonel. Les officiers veillent à ce qu'il ne s'élève pas de discussion entre les soldats et les habitants ; ils sont responsables des dommages causés par les soldats, quand ces dommages sont la conséquence d'un défaut de surveillance. (Art. 47 du décret du 13 octobre 1863.)

144. *Logements réservés pour les absents.*

Le maire fait réserver quelques logements, dans l'arrondissement de chaque compagnie, pour les hommes absents qui peuvent rentrer au corps. (Art. 131 du règlement du 20 juillet 1824.)

145. *Hommes arrivant après l'établissement de la troupe.*

Les billets de logement pour les hommes arrivant après l'établissement de la troupe, sont délivrés sur la présentation des feuilles de route ou des billets de sortie de l'hôpital, et sur l'invitation du commandant du corps. (Art. 132 du règlement du 20 juillet 1824.)

146. *Connaissance donnée au maire, des logements qui deviennent vacants.*

Le commandant de la troupe doit faire connaître au maire les logements qui deviennent vacants par le départ des hommes allant aux hôpitaux, en congé ou en détachement. (Art. 133 du règlement du 20 juillet 1824.)

CHAPITRE IX

Du règlement des indemnités.

---

147. *Indemnités dues aux habitants. — Comment payées.*

Les indemnités dues aux habitants pour le logement des militaires, ou pour prêt de lits complets dans les bâtiments militaires, leur sont payées par l'entremise des receveurs municipaux de leurs communes respectives. (Art. 135 du règlement du 20 juillet 1824 modifié par la décision du 31 mars 1829.)

142. *Pièces à produire.*

A cet effet, et après avoir reçu, des commandants des corps ou détachements, des états (modèle A) (1), le maire de chaque commune établit, en simple expédition, à l'expiration du trimestre, un état (modèle B) indiquant, suivant le cas, l'effectif, en hommes et en chevaux, des corps ou détachements qui ont reçu le logement chez l'habitant, ou le nombre de lits complets que les habitants ont prêtés, ainsi que le nombre de journées d'occupation depuis le jour de l'arrivée de la troupe jusqu'à celui du départ exclusivement. (Art. 136 du règlement du 20 juillet 1824 modifié par la décision du 31 mars 1829.)

149. *Établissement de l'état modèle A.*

L'état modèle A doit présenter d'une manière exacte, dans la colonne timbrée *temps pendant lequel ils ont été logés,* les mutations des sous-officiers et soldats, telles qu'elles sont portées sur les contrôles trimestriels. (*C. M.* 6 novembre 1837.)

150. *Vérification de cet état.*

MM. les sous-intendants militaires ne doivent viser ces pièces qu'autant qu'elles sont conformes au modèle, et qu'après avoir collationné les mutations qu'elles comportent avec les contrôles trimestriels. Dans le cas où ils ne seraient pas en possession de ces contrôles, ils devront

(1) L'état modèle A peut être remplacé par le reçu des prestations fournies, qui doit être remis au moment du départ, au maire de la commune, par l'autorité militaire.

faire remplir cette formalité par celui de leurs collègues qui a la surveillance administrative du corps. (*C. M.* 6 novembre 1837.)

151. *Déclaration à consigner sur l'état modèle B.*

Les maires devront déclarer, au bas de chacun des états nominatifs (modèle B), si l'indemnité de logement des troupes est due personnellement aux habitants y dénommés, ou si elle revient à la commune, ou, enfin, si elle a été cédée par elle à un entrepreneur en vertu d'un marché. (*C. M.* 21 mai 1840.)

152. *Envoi de cet état au sous-intendant militaire* (1).

Dans le courant du premier mois qui suit le trimestre expiré, le maire adresse cet état, accompagné des certificats des chefs de corps, au sous-intendant militaire, qui, après l'avoir vérifié et arrêté, adresse le tout à l'intendance militaire du corps d'armée. (Art. 137 du règlement du 20 juillet 1824, modifié par la décision du 31 mars 1829.)

153. *Ordonnancement des sommes dues.*

L'intendant vérifie et arrête définitivement les décomptes, en ordonnance immédiatement le montant au nom du receveur municipal de la commune et adresse le mandat, pour être visé, au trésorier-payeur général, qui le lui retourne revêtu de cette formalité. (Art. 138 du règlement du 20 juillet 1824, décision ministérielle du 31 mars 1829, N. M. 18 février 1850.)

(1) En cas de mobilisation, les indemnités dues pour le logement ou le cantonnement des troupes est payée comme en matière de réquisition sur la production des états modèle A, A *bis*, B annexés en décret du 2 août 1877 et conformément au titre V dudit décret. — Les imprimés nécessaires pour le payement sont adressés aux maires par les fonctionnaires de l'intendance militaire.

154. *Pièces à produire aux comptables du Trésor.*

Les pièces à produire aux comptables du Trésor, à l'appui des ordonnances et mandats de payement, pour l'indemnité de logement de la troupe chez l'habitant, sont les suivantes :

1° Logement fourni par les habitants :

État des sommes dues aux habitants.

2° Logement assuré par l'administration municipale :

1° État des sommes dues ;

2° Quittance (T) à souche du comptable de la commune ;

3° Logement fourni par un entrepreneur :

1° État des sommes dues ;

2° Marché ;

3° Quittance (T) de l'entrepreneur.

(Règl. du 3 avril 1889, chap. 8, art. 2.)

155. *Envoi des mandats au receveur municipal.*

L'intendant adresse les mandats ainsi visés aux receveurs municipaux, par l'intermédiaire du trésorier-payeur général. (N. M. 18 février 1850.)

156. *Envoi de l'état de répartition au maire.*

Les états de répartition des indemnités accordées pour le logement des militaires chez l'habitant doivent être adressés par les fonctionnaires de l'intendance militaire aux maires des communes intéressées, afin de mettre ces fonctionnaires à même de donner à chacun des ayants droit l'avis qu'ils aient à réclamer, dans un délai d'un mois au plus, les sommes auxquelles ils ont droit. (N. M. 17 février 1850.)

157. *Établissement de l'état modèle C.*

L'intendant établit ensuite un état récapitulatif (modèle C) des payements ordonnancés dans le corps d'armée pour la dépense du trimestre précédent, et le transmet au ministre de la guerre avec les certificats des chefs de corps ou de détachements pour servir à la liquidation de la dépense. (Art. 138 du règlement du 20 juillet 1824, modifié par la décision du 31 mars 1829.)

158. *Le cerificat de l'officier du génie y est joint.*

Le certificat de l'officier du génie, qu'il est prescrit de joindre à la compatibilité de chaque trimestre, constatant qu'il y a eu impossibilité de loger dans les bâtiments militaires les sous-officiers et soldats, et les chevaux placés chez les habitants, est obligatoire et rien ne peut dispenser de le fournir (*C. M.* 6 novembre 1837.)

159. *Paiement des sommes dues, par le receveur municipal sur les fonds généraux de sa caisse.*

Les percepteurs-receveurs municipaux étant désignés pour faire aux habitants qui ont fourni le logement militaire, le paiement de l'indemnité à laquelle ils ont droit, agissent non comme receveurs municipaux, mais comme agents auxiliaires des trésoriers-payeurs généraux, ils doivent donc acquitter ces dépenses, sur leur recette courante et les départements de la guerre, de l'intérieur et des finances ont reconnu, d'ailleurs, qu'il n'y avait qu'avantage, sous le point de vue financier, comme sous le rapport de la comptabilité, à affranchir les communes d'un service de dépense qui est étranger à leurs budgets. (N. M. 29 février 1844.)

160. *Justification des paiements faits aux intéressés.*

Lorsque des mandats délivrés collectivement pour le paiement de l'indemnité de logement n'auront point été employés pour leur intégralité dans le délai d'un mois, ces mandats seront versés par les percepteurs aux receveurs particuliers pour la somme réellement payée ; les receveurs particuliers les verseront de même au receveur général, qui, en les transmettant au payeur et en recevant de lui récépissé pour le montant intégral du mandat, donnera en retour à ce comptable un récépissé à titre de reversement pour la somme non payée au créancier, laquelle rentrera au crédit du ministère de la guerre, et il produira, en outre, une déclaration de versement en somme égale, que le payeur transmettra aussitôt au fonctionnaire de l'intendance militaire signataire du mandat.

Les trésoriers-payeurs devront remettre à l'ordonnateur en lui fournissant le bordereau des paiements effectués, une déclaration de versement, indiquant l'origine de la somme versée, ainsi que les nom, qualité et domicile du créancier non payé.

Ce mode n'occasionnera aucune rectification d'écritures et permettra aux ordonnateurs secondaires de mandater à nouveau, au profit des parties intéressées, les sommes qui n'auront pu leur être payées lors de l'ordonnancement primitif.

Les ordonnateurs enverront exactement au ministre les déclarations de versement que leur feront parvenir les payeurs; ils auront soin d'annexer à chacune d'elles une note indiquant le numéro, la date et le montant du mandat primitif sur lequel doit porter la réduction ; ils feront connaître également, par une note dans la colonne d'observations des bordereaux mensuels, les mandats qui seront délivrés pour solde des indemnités dont les quittances auront été produites tardivement. (*C. M.* 31 juillet 1841 et 21 avril 1845.)

161. *Justification de paiements faits à la commune, par abandon des intéressés.*

Dans le cas où des personnes, ayant droit à des indemnités de logement, font abandon à la commune de la somme qui leur était allouée pour la fourniture du logement militaire, le percepteur doit faire recette de cette somme au profit de la commune et s'en délivrer à lui-même une quittance extraite de son journal à souche; cette quittance est ensuite rapportée par lui avec la déclaration de l'habitant, comme justification de la dépense faite pour le compte du Trésor. (N. M. 29 février 1844.)

CHAPITRE X.

Application à l'Algérie.

---

162. *Les habitants de l'Algérie sont soumis à l'obligation du logement militaire.*

Des arrêtés du ministre de la guerre détermineront les gîtes d'étapes tant du littoral que de l'intérieur de l'Algérie. (Art. 3 du décret du 19 décembre 1848.)

163. *Il en est de même des indigènes.*

Les indigènes pourront être dispensés du logement en nature, moyennant une rétribution proportionnée à leurs facultés et agréée par les municipalités. Les maires devront, au moyen de cette contribution, pourvoir au logement incombant auxdits indigènes, sans qu'il en résulte aucune surcharge pour les autres habitants. (Art. 2 du décret du 19 décembre 1848.)

164. *Le ministre de la guerre déterminera les lieux gîtes d'étapes.*

Dans les localités déclarées gîtes d'étapes en Algérie, les habitants, sans distinction de nationalité, seront soumis à l'obligation du logement militaire, conformément au principe consacré par le décret des 23 janvier, 27 avril 1790, et dans les cas, conditions et limites déterminées par les lois des 8-10 juillet 1791 et 23 mai 1792 (1).

A cet effet, les dispositions du règlement du 20 juillet 1824 (2) (titre 2) sont rendues exécutoires en Algérie, et y seront publiées à la diligence de l'autorité locale supérieure. (Art. 1er du décret du 19 décembre 1848.)

165. *Rôle à tenir par les maires.*

Les maires des communes désignées comme gîtes d'étapes tiendront un rôle des habitants, tant européens qu'indigènes, qui sont en état de loger des officiers, et un semblable rôle pour ceux qui peuvent loger des sous-officiers et des soldats.

Les maires veilleront, d'ailleurs, aux termes de l'article 9 du titre 5 de la loi des 8-10 juillet 1791 (3), à ce que la charge du logement militaire ne tombe pas toujours sur les mêmes individus, et que chacun y soit soumis à son tour. (Art. 4 du décret du 19 décembre 1848.)

(1) Remplacées par la loi du 3 juillet 1877 et le décret du 2 août suivant.

(2) Voyez les articles 19 à 126.

(3) Art. 8 à 18 de la loi du 3 juillet 1877 et 23 à 33 du décret du 2 août 1877.

DÉPARTEMENT (Modèle **A**.)

d ______________

e RÉGIMENT *d* ______________

VILLE OU COMMUNE *Bataillon ou Escadron* *Compagnie.*

d ______________

ÉTAT nominatif des sous-officiers et soldats qui ont été logés chez les habitants de ______________, ou couchés dans les casernes, sur des lits fournis par la ville (*ou commune*) pendant le e trimestre 18 .

e Trimestre 18 .

NOMS.	GRADES.	TEMPS pendant lequel ils ont été logés.	NOMBRE DE JOURNÉES de sous-officiers couchant seuls.	NOMBRE DE JOURNÉES de sous-officiers et soldats couchant deux.	OBSERVATIONS.
Logement chez l'habitant.					
Logement dans les casernes sur des lits fournis par la Ville.					
Logement dans les bâtiments fournis par la Ville sur des fournitures militaires.					
Logement dans des bâtiments et sur des fournitures livrés par la Ville.					
		TOTAUX.			
Logement des chevaux dans des écuries particulières.					
TOTAL des journées de logement de chevaux.					

Le présent état, montant aux quantités de : ______________

____

certifié véritable par le soussigné, ______________, commandant le détachement ci-dessus désigné.

______________, *le* ______________ 18

Vu par le sous-intendant militaire,

• Corps d'armée.

DÉPARTEMENT

d____________________

VILLE OU COMMUNE

d____________________

Trimestre 18 .

(Modèle B.)

INDEMNITÉ DE LOGEMENT

ÉTAT nominatif des habitants qui ont droit au payement de l'indemnité due conformément aux articles 15, 17 et 18 de la loi du 3 juillet 1877, et aux articles 30, 31, 32 et 33 du décret du 2 août 1877, pour le logement qu'ils ont fourni aux troupes en station, pour prêt de lits dans les casernes, et pour les chevaux placés dans les écuries particulières pendant le________________trimestre 18 .

NOMS des habitants.		NOMBRE de			TEMPS pendant lequel		NOMBRE DE						SOMMES à payer.	ÉMARGEMENT de la signature de chaque habitant.
							JOURNÉES de logement des hommes.		lits fournis dans les casernes.	JOURNÉES d'occupation				
										des lits par les hommes		des écuries particulières		
qui ont logé des militaires et des chevaux.	qui ont fourni des lits dans les casernes ou logé les chevaux.	sous-officiers couchant seuls.	sous-officiers et soldats couchant deux.	chevaux placés dans les écuries des habitants.	le logement a été fourni.	les lits et les écuries ont été occupés.	couchant seuls.	couchant deux.		couchant seuls.	couchant deux.			
						Totaux. . .	. . .	. . .	. . .					

Le présent état montant aux quantités de :______________________________________

Certifié véritable par le Maire de__________________________________

A__________________________, *le*___________________18 .

Vu et vérifié par le sous-intendant militaire du département de___________________________le présent état montant aux quantités de journées ci-après :____

A__________________________, *le*___________________18 .

Arrêté par nous, intendant militaire du ______________ corps d'armée, le présent état, montant à la somme de ____ à payer aux habitants dénommés d'autre part.

A __________________________ , *le* ___________________ 18 .

° Corps d'armée.

° Trimestre 18 .

(Modèle **C**.)

INDEMNITÉ DE LOGEMENT

COMPTE général et récapitulatif du nombre de journées donnant droit au paiement de l'indemnité déterminée par l'article 33 du décret du 2 août 1877, pour le logement et les lits fournis par les habitants des communes du ______ corps d'armée, pendant le ____ trimestre 18____, aux corps et détachements ci-après désignés, ainsi que pour les chevaux placés dans les écuries particulières.

DÉSIGNATION		NOMBRE						SOMME	OBSERVATIONS.
des communes.	des corps ou détachements.	de journées de logement des hommes.		de lits fournis dans les casernes.	de journées d'occupation des lits par les hommes.		de journées de logement des chevaux.	payée.	
		couchant seuls.	couchant deux.		couchant seuls.	couchant deux.			
	Totaux.......								

Arrêté par nous, intendant militaire du ____ corps d'armée, le présent compte général et récapitulatif aux quantités de :

Et pour décompte en deniers, à la somme de ______________________
qui a été ordonnancée au nom des receveurs municipaux des communes du corps d'armée, suivant le détail ci-dessus, et les certificats ci-annexés des commandants des corps ou détachements.

A ______________, *le* ____________ 18 .

Nota. — Les modèles **B** et **C** devront, ainsi que les arrêtés et décomptes, être dégagés des colonnes et indications qui deviendront superflues, lorsque les états comprendront uniquement l'une des deux fournitures indiquées aux deux premières colonnes du modèle **B**.

TABLE DES MATIÈRES

PARIS. — Impr. PAUL DUPONT, rue Jean-Jacques Rousseau, 41 (Cl.) 181.10.83

Paris. — Soc. d'imp. PAUL DUPONT, 41, rue J.-J.-Rousseau (Cl.) 236.11.83.

www.ingramcontent.com/pod-product-compliance
Ingram Content Group UK Ltd.
Pitfield, Milton Keynes, MK11 3LW, UK
UKHW021223230726
13926UKWH00003B/1201

9 782013 599191